Antje Bostelmann, Gerrit Möllers

Respekt, Beteiligung, Regeln

Die soziale Gemeinschaft in der Klax-Pädagogik

Impressum

Autoren
Antje Bostelmann, Gerrit Möllers

Layout
Stefan Müssigbrodt

Lektorat
Verena Zansinger, Katharina Koch

Illustration Umschlag
Klax Kindergarten Elements, Berlin

Fotos
Klax

Druckerei
LASERLINE, Berlin
Gedruckt auf chlorfrei gebleichtem Papier

Verlag
Bananenblau – Der Praxisverlag für Pädagogen
E-Mail: info@bananenblau.de
www.bananenblau.de

© Bananenblau 2020
ISBN 978-946829-38-6

Inhalt

Vorwort

Liebe Leserinnen und Leser,

In diesem Buch widmen wir uns der sozialen Gemeinschaft. Wir sind überzeugt davon, dass ohne eine durchdacht organisierte und bewusst gelebte, soziale Gemeinschaft Bildung nicht gelingen kann.

Trotzdem wird in vielen Bildungsinstitutionen kaum über die soziale Gemeinschaft nachgedacht. Das Zusammenleben von Kindern, Eltern und Pädagogen* wird einfach vorausgesetzt. Man hofft, dass es schon funktionieren wird und startet Überlegungen zur Verbesserung des Zusammenlebens allenfalls, wenn etwas schiefgegangen ist.

Wir haben aus eigener Erfahrung gelernt, dass dies ein Fehler ist.

Deshalb beginnen wir jedes Kita- und Schuljahr mit einer intensiven Begegnungs- und Kennenlernphase, für die wir viel Zeit aufwenden. Alle sind in diese Phase mit eingebunden. Es geht um das Kennenlernen! Das beginnt am ersten Tag mit der Orientierung im Haus, der Besprechung der Hausregeln und Brandschutz- und Sicherheitseinweisungen. Tag für Tag begegnen sich die Menschen tiefer: Bei Wertediskussionen, deren Ergebnisse ein von allen vereinbarter Wertegrund ist, veranstalteten Wettbewerben, Elterneinführungen und Mitmachnachmittagen. Die Kindergruppen oder Klassen nehmen ihre Räume in Besitz und gestalten diese, sodass jeder Besucher sofort erkennen kann, welche Klasse oder Gruppe in diesem Raum lernt.

---

* Um den Lesefluss nicht zu behindern, haben wir im Fließtext entweder die weibliche oder männliche Form gewählt. Es dürfen sich aber immer alle Geschlechter angesprochen fühlen.

Aber nicht nur der Anfang, sondern das gesamte Kindergarten- oder Schuljahr ist von der Vorherrschaft der sozialen Gemeinschaft geprägt. In diesem Buch werden wir unsere Gedanken zu diesem Thema ausführlich erläutern und unsere dazugehörigen Methoden und Werkzeuge, Rituale und Routinen sehr genau beschreiben.

Wir zeigen die Grundsätze der sozialen Gemeinschaft auf, die für ein erfolgreiches Lernen unerlässlich sind. Hierbei geht es um Respekt, Regeln und Beteiligung in der Schule oder im Kindergarten.

Ein besonderer Dank gilt den pädagogischen Fachkräften aus unseren Krippen, Kindergärten und Schulen, die unser gesamtes Methodenrepertoire tagtäglich einem Praxistest unterziehen. Ihre Erfahrungen tragen zur stetigen Weiterentwicklung und Verbesserung unseres Konzeptes bei.

Wir wünschen Ihnen eine anregende Lektüre!

Antje Bostelmann und Gerrit Möllers
Oktober 2019

Einleitung

Die Idee von Klax als pädagogischer Ansatz für Bildungsinstitutionen gibt es mittlerweile seit drei Jahrzehnten. In dieser Zeit haben wir viel darüber nachgedacht, auf welche Weise Kinder und Jugendliche aufwachsen sollen, um später erfolgreiche und zur Verantwortung fähige Mitbürger zu sein. Wir haben uns den Kopf darüber zerbrochen, was Pädagogen an Ausrüstung, Räumen und Instrumenten brauchen und welche Fähigkeiten und Eigenschaften sie haben müssen, um diesem Anspruch gerecht werden zu können. Und wir haben Antworten gefunden.

Die Überzeugung, dass es für jedes Problem eine Lösung gibt und dass man Menschen etwas zutrauen muss, hat uns dahin getragen, wo wir jetzt stehen. Natürlich ging all das nicht leicht von statten. Es ist ein großes Unterfangen, die gesellschaftliche Sicht auf die Kinder verändern zu wollen, Institutionen einen neuen Habitus zu geben und Pädagogen ein verändertes Selbstbild zu vermitteln. Wir arbeiten kontinuierlich daran.

Die Überlegung darüber, was Klax von den Vorgängern unterscheidet und warum Klax heute seit mehr als einem Vierteljahrhundert Bestand hat, ohne sich auf eine besondere Theorie zu berufen, führt zu den folgenden Erklärungen:

– Klax ist in der Geschichte der Pädagogik verwurzelt, verfolgt ähnliche Ideen, wie vorherige pädagogische Strömungen, nutzt die Erfahrungen historischer pädagogischer Ansätze und transformiert diese in die heutige Zeit.

- Der Erfolg von Klax beruht auf der Fähigkeit, verschiedene Methoden und pädagogische Ideen zu integrieren, ohne die jeweils dahinterliegende Ideologie zu übernehmen oder zu teilen.
- Klax lebt von der eigenen Veränderungsfähigkeit, fordert von allen Beteiligten (Kinder, Pädagogen, Eltern) die ständige Reflexion des eigenen Handelns und der eigenen Leistung.
- Klax setzt auf die Umsetzbarkeit in der pädagogischen Praxis und verbindet pädagogische Ideen mit Kreativität, Professionalität und der Entwicklungsbereitschaft von Pädagogen.
- Klax versucht die Anforderungen der Zukunft heute schon zu verstehen und im pädagogischen Alltag darauf einzugehen, um den Kindern und Jugendlichen die Kompetenzen mitzugeben, die sie zukünftig brauchen werden.

Klax verfolgt also keinen geschlossenen Ansatz. Stetige Weiterentwicklungen und die Fähigkeit, die besten Ideen der Branche zu integrieren, sorgen für anhaltende Veränderung.

Dies alles macht es den Pädagogen in den Einrichtungen nicht gerade einfach. Die Anforderungen einer modernen Pädagogik, die den Menschen in den Mittelpunkt stellt, die die Zukunft im Blick hat, dabei ihre eigene Geschichte nicht aus den Augen verliert und ihre Grundlagen kritisch hinterfragt, sind hoch.

Es kommt darauf an, sich zu besinnen und zu überlegen, wie genau eine Weiterentwicklung erfolgen soll und was es mitzunehmen gilt. In einer Welt, in der die Beschleunigung zum Alltag gehört, kommt es nicht nur darauf an, mit Veränderungen umzugehen, sondern diese aktiv mitzugestalten. Lernen heißt, sich zu verändern. Lernen heißt aber auch, sich selbst und die eigenen Fähigkeiten am Bestehenden zu messen. Die Fähigkeit, sich lernend mit der Welt auseinanderzusetzen, ist die Basis für die Gestaltung des eigenen Lebens.

Pädagogische Konzepte haben immer auch den Auftrag der Nachhaltigkeit. Nachhaltig ist eine Pädagogik aber nur dann, wenn sie den Menschen neben Aktualität auch Beständigkeit vermittelt, in dem sie eine stabile und sichere Wertekultur lebt, die altes und neues verbindet.

Pädagogische Konzepte müssen operationalisiert werden, damit sie in der Praxis anwendbar sind. Dafür braucht es gut durchdachte Methoden und Werkzeuge, die das Erreichen der pädagogischen Ziele auf der Grundlage der Werte im Fokus haben. Materialangebote, die zu den Zielen und den gelebten Werten passen, sind von Nöten. Wichtig sind Menschen, die in der Lage sind, ihre berufliche Professionalität mit einer pädagogischen Idee zu verbinden und ihr Wissen für die Umsetzung der Idee einzubringen.

Die Pädagogen in den Krippen, Kindergärten und Schulen brauchen Lebenserfahrung und Fachwissen, um Kinder und Jugendliche in ihrem Lernen richtig zu unterstützen. Dieses Wissen müssen sie auch Eltern zur Verfügung stellen.

Heranwachsende in die Welt einzuführen heißt, die Welt erfahrbar zu machen, sie gemeinsam zu erforschen und sich lernend zu eigen zu machen. Es bedeutet auch Heranwachsenden die Möglichkeit zu geben, sich Schritt für Schritt immer selbstständiger, kritischer und kreativer in der Welt zu bewegen.

Bildung

- Bildung ist Lust an Wissen, Lust an diskursiver Reibung und Positionierung im eigenen Leben und in der Gesellschaft.
- Bildung erfordert Authentizität, die Fähigkeit zur Ausprägung einer eigenen Persönlichkeit, die Kraft, sich an den eigenen Lebensfragen abzuarbeiten und dabei theoretisches Wissen in praktische Handlungen zu übersetzen.
- Bildung verlangt einen reflektierten Umgang mit den eigenen Kompetenzen und Fähigkeiten, die in stetiger Auseinandersetzung mit sich selbst und dem sozialen Umfeld entwickelt werden.
- Bildung ist auf die Zukunftsgestaltung gerichtet und beansprucht deshalb ein Bewusstsein für die kulturellen und historischen Kontexte, in denen wir uns bewegen.
- Bildung basiert auf der aktiven Teilnahme an der sozialen Gemeinschaft, in dem der Mensch Verantwortung für sich und andere übernimmt, dabei kritisch mit Wissen und den eigenen Erfahrungen umgeht, diese verknüpft und neues Wissen hervorbringt.
- Bildung drückt die Anstrengung des Menschen aus, eine moralische und ethische Grundhaltung zu entwickeln und diese im eigenen Leben anzuwenden.

Lernen

- Lernen ist ein lebenslanger Prozess, der allen Menschen eigen ist.
- Lernen geschieht bewusst und unbewusst. Es lässt sich nicht immer bewusst steuern und wird manchmal vom Lernenden gar nicht bemerkt.
- Lernen führt zur Aneignung von Wissen und Können, zu Fähigkeiten und Fertigkeiten.
- Lernen muss vom schulischen Unterrichten entkoppelt werden. Menschen brauchen die Gewissheit, dass sie in jeder Situation lernen und die Fähigkeit darüber zu reflektieren, um die Art des eigenen Lernens erkennen zu können.
- Lernen ist ein sehr individueller Vorgang, der gar nicht so sehr an die intellektuellen Fähigkeiten des Menschen gebunden ist, sondern viel mehr von seinen Interessen und Neigungen gesteuert wird.

Spielen

- Spielen ist eine wesentliche Tätigkeit, die auf das Lernen und die soziale Entwicklung abzielt.
- Spielen braucht Mitspieler. Gemeinsames Spielen führt zu gemeinsamem Lernen.
- Spielen resultiert in vielfältigem Erkenntnisgewinn für den Spielenden. Es verschafft ihm die Möglichkeit Gelerntes anzuwenden, zu üben und weiterzuentwickeln.
- Spielen stellt auch eine Auseinandersetzung mit sich selbst und mit anderen dar. Im Spiel werden persönliche Eigenschaften im sozialen Kontext auf den Prüfstand gestellt, verfeinert und neu angewendet.
- Spielen ist die Vorzugsmethode in Bildungsprozessen, solange das Spiel in der direkten Auseinandersetzung mit der Welt und mit anderen Mitspielern stattfindet, Problemstellungen bereithält und die Lösungsmöglichkeiten offen bleiben.
- Im Spiel wird die Fähigkeit, Regeln aufzustellen, danach zu handeln, sie infrage zu stellen und neu zu verhandeln gelernt.

Kreativität

- Kreativität beschreibt die Fähigkeit, sich von scheinbar vorgegebenen Sichtweisen zu lösen und Dinge auf ungewöhnliche Art und Weise zu kombinieren.
- Kreativität ist mit dem Spiel untrennbar verbunden. Spielen fördert die Kreativität, sowie die Kreativität zum Spielen verleitet.
- Kreativität ist in allen Zeiten eine wichtige Zukunftskompetenz, denn sie gibt den Menschen die Kraft, Lösungen für scheinbar unlösbare Probleme zu finden.
- Kreativität ist mit Fantasie und Vorstellungskraft verbunden.
- Kreativität ist notwendig für die Weiterentwicklung von sozialen Strukturen, denn das Präsentieren von ungewöhnlichen Ideen und Lösungen führt zu Irritation und Nachdenken und entwickelt sich somit zur sozialen Regulation.

1 Zusammenleben in der sozialen Gemeinschaft

In diesem Kapitel widmen wir uns dem sozialen Zusammenleben in den Bildungsinstitutionen. Wir sind überzeugt davon, dass das Gelingen des Zusammenlebens die Basis für den Erfolg des Lernens ist. Es ist nicht der Schulunterricht oder das Bildungsangebot im Kindergarten, welches den Lernerfolg garantiert. Es ist das Zugehörigkeitsgefühl der Menschen, ihre Stellung in der Gemeinschaft, die Identifikation mit den Werten und die Lernmotivation, die aus Freiräumen, Verantwortung und der respektvollen Einbindung von individuellen Eigenschaften in die Gemeinschaft entsteht.

Die soziale Gemeinschaft ist einer der vier Grundpfeiler der Klax-Pädagogik und wird von den drei wichtigen Merkmalen Respekt, Beteiligung und Regeln geprägt.[1]

In diesem Kapitel gehen wir ausführlich auf die soziale Gemeinschaft als wichtige Basis der pädagogischen Arbeit bei Klax ein.

---

1   Vgl. Bostelmann, Antje & Möllers, Gerrit: Verantwortungsbewusst, sozialkompetent, kreativ. Das Bild vom Kind in der Klax-Pädagogik. Bananenblau, Berlin 2015, S.62 ff.

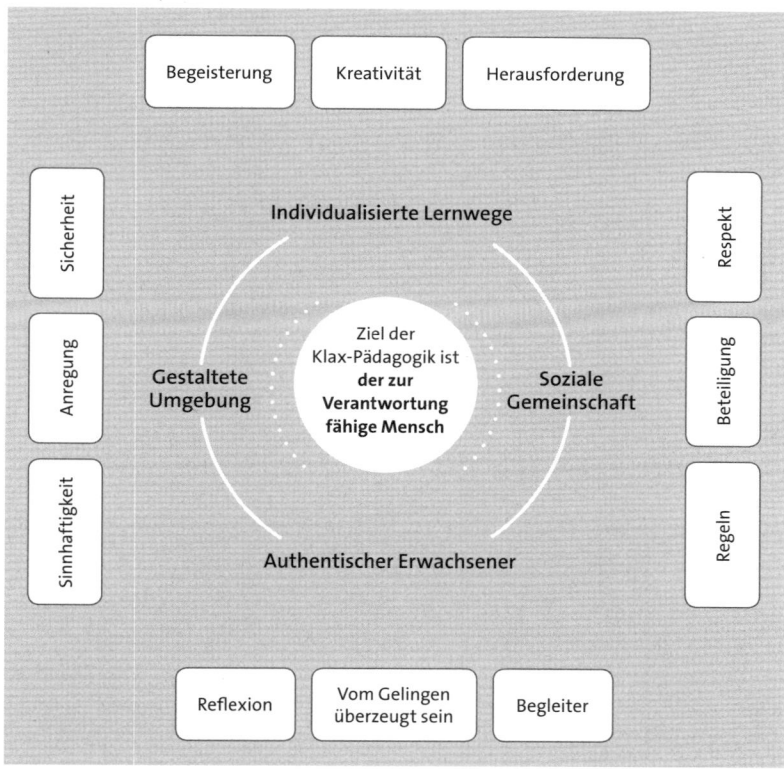

Das Klax-Fraktal

Um die Komplexität sozialer Strukturen in pädagogischen Institutionen zu ordnen, nähern wir uns dem Thema anhand der wichtigen Begriffe aus dem Fraktal[2] und ergänzen diese um den Wertebegriff, das Thema Struktur und die Aufgabe der Führung.

---

2 Ein Fraktal (lat. „fractus" für „gebrochen") bezeichnet ein Gebilde, das ein Vielfaches seiner selbst ist bzw. die Wiederholung eines immer gleichen Musters und wird als Begriff ursprünglich in der Mathematik verwendet. Das geometrische Gebilde kann sowohl künstlich als auch natürlich entstanden sein und weist einen hohen Grad an Selbstähnlichkeit auf. Der Begriff wurde von Benoît Mandelbrot geprägt.

Wir wissen, dass Lernen ohne eine sichere Einbindung in die soziale Gemeinschaft nicht möglich ist. Deshalb investieren wir viel Zeit in den Aufbau der sozialen Gemeinschaft. Mit den Jahren haben wir eine ganze Reihe von Ideen, Methoden, Routinen und Strukturen entwickelt, die die Aufmerksamkeit auf die Gemeinschaft lenken und die Betonung des Zusammenlebens in den Alltag einweben.

Es ist jedoch so, dass eine Vielzahl an strukturellen Themen in der pädagogischen Institution klar und unumstößlich gesetzt sein müssen, bevor diese Dinge wirken können.

∎∎∎ STRUKTUR UND REGELN ALS VORAUSSETZUNG FÜR ZUGEHÖRIGKEIT

Ein verbindlicher Orientierungsrahmen mit klaren Zielvorgaben und selbstständiges, eigenverantwortliches Handeln von Kindern, Jugendlichen und pädagogischen Fachkräften – das ist kein Widerspruch!

So paradox es auf den ersten Blick erscheinen mag: Selbstbestimmtes Handeln braucht an Verantwortung gebundene Freiheit. Diese ist ohne klare Strukturen und Regeln nicht möglich. Dies gilt für Kinder ebenso wie für Erwachsene.

Die Entwicklung von Persönlichkeiten braucht – wie der Aufbau von Teams, Kindergärten oder Unternehmen – eine ausgewogene Balance aus Freiraum und Struktur. Ohne nachvollziehbare Regeln, gut durchdachte Strukturen und Routinen fühlen wir uns schnell orientierungslos und überfordert. Aber auch umgekehrt gilt: Ohne Freiräume für selbstverantwortliches Handeln verlieren wir die Arbeitsfreude und unsere Kreativität – so als wäre uns die Luft zum Atmen genommen worden. Wichtig ist das dynamische Zusammenspiel beider Komponenten.

Häufig werden Regeln und Strukturen kontrovers diskutiert und als Belastung dargestellt. Dabei sind sie lebensnotwendig für jedes Mitglied einer Gruppe oder eines Teams.

Sehen wir uns die Bedeutung von Struktur und Regeln genauer an: Wir stellen uns vor, dass ein Neugeborenes die Welt als ein großes Chaos erlebt. Es beginnt deshalb sofort damit seine Wahrnehmung der Umwelt zu ordnen, indem es seine Erlebnisse kategorisiert und systematisiert.

Die stetige Wiederholung von Ereignissen (Tag und Nacht, Zeiten der Nahrungsaufnahme, Aufenthalt an bestimmten Orten), sowie die Beständigkeit der direkten Umgebung (Bezugspersonen, Gerüche, Stimmen, Gesichter, Geräusche) bilden für das Kind eine Struktur, in der es Ordnungssysteme erleben kann. Routinen bieten ihm Sicherheit und geben Geborgenheit. Mit bestimmten Routinen sind für das Kind auch immer vorhersehbare Ereignisse verbunden: Wenn die Mutter ins Zimmer kommt, wird sie ins Bettchen schauen, das Kind liebevoll ansprechen, es aufnehmen und ihm Nahrung geben usw. Das Kind erlebt eine Verlässlichkeit in den Handlungen der Bezugspersonen, die ihm Sicherheit und Zugehörigkeit vermitteln.

Strukturen und geregelte Abläufe gehören zu den Grundgesetzen der Natur. Sie finden sich unter anderem in der Zellstruktur, der DNA, im Aufbau von lebenden Organismen, sowie in deren Zusammenspiel.[3]

In der Krippe „Nesthäckchen" sind heute zwei Kolleginnen wegen Krankheit nicht zum Dienst erschienen. Die Leitung beschließt den Personalmangel dadurch auszugleichen, dass sie Gruppen zusammenlegt und den Morgenkreis ausfallen lässt. Sie möchte vermeiden, dass die verbleibenden Kolleginnen gestresst werden, da sie befürchtet, dass diese auch erkranken könnten.

---

3   Vgl. Maturana, Humberto & Varela, Francisco: Der Baum der Erkenntnis. Die biologischen Wurzeln menschlichen Erkennens. S. Fischer Verlag, Frankfurt a. M. 2009.

Infolgedessen sind die Kinder irritiert: Nicht nur die ungewohnte räumliche Umgebung, sondern auch die plötzlich aufgelöste Tagesstruktur setzt ihnen zu. Einige weinen, andere schreien, manche verhalten sich unangepasst.

Aber auch für die Erzieherinnen führt die Auflösung der gewohnten Struktur zu mehr Stress. Geübte Abläufe funktionieren nicht mehr und es ist plötzlich unklar geworden, ob der Tagesablauf eine verlässliche Regel oder eine täglich neu zu organisierende Herausforderung darstellt.

Das Zusammenleben von Menschen erfolgt in Gruppenstrukturen, wie sie zum Beispiel durch Kulturen, Religionen, Länder, Familien oder Freundesgruppen gebildet werden.

Gruppen sind auf Regeln angewiesen, die die vorhandene Struktur sichern. Regeln definieren den Rahmen, in dem der Mensch als Einzelperson und zugleich als Teil einer sozialen Gemeinschaft handeln kann. Werden diese Strukturen aufgelöst und Regeln plötzlich nicht mehr gelebt, führt dies zu Irritation und Chaos. Die Verlässlichkeit verschwindet und zu ihr die Sicherheit. Dies erzeugt Stress, der, wenn keine Ordnung wiederhergestellt wird, lebensbedrohlich werden kann.

In pädagogischen Institutionen gelten ebenfalls Gesetzmäßigkeiten, durch die Ordnung, Strukturen und Regeln Wohlbefinden, Entwicklungsfähigkeit und Lebendigkeit ermöglicht werden.

Umso unbegreiflicher ist es, wie wenig diese Thematik in pädagogischen Institutionen beachtet wird: Regeln gelten als inhuman oder niemand fühlt sich an sie gebunden. Strukturen werden ständig aufgelöst. Nur wenige Personen kämpfen gegen diesen Verfall. Im Gegenteil: Sie müssen damit rechnen selbst bekämpft zu werden.

Einige Beispiele: Räume in pädagogischen Institutionen sind genauso wie in privaten Häusern oder in städtischen Strukturen mit sinnstiftenden Funktionen versehen. Es gibt Toiletten, Küchen, Essbereiche, Wohnzimmer, Kinderbereiche und Flächen, die dem Arbeiten vorbehalten sind. Städtische Strukturen gliedern sich in Straßen, Strukturen des öffentlichen und privaten Verkehrs, öffentliche und private Häuser, Supermärkte, Kindereinrichtungen, Schulen und viele andere Gebäude mit diversen Funktionen und unterschiedlich offenen Zugänglichkeiten.

In Kindereinrichtungen und Schulen gibt es ebenfalls Räume mit unterschiedlichen Funktionen und Zutrittsberechtigungen. Alle Mitglieder einer sozialen Gemeinschaft müssen diese Funktionen kennen und die Regeln des Betretens akzeptieren. Es ist eine der wichtigsten Aufgaben der Leitung einer Einrichtung für die Bekanntheit und Durchsetzung dieser Regeln zu sorgen.

Die Funktion eines Raumes wird durch seine Einrichtung deutlich. Wir können eine Küche von einer Garderobe unterscheiden, indem wir die Einrichtungsgegenstände wiedererkennen und auf die uns vertraute Art und Weise benutzen. Wie kann es dann sein, dass man in Kindereinrichtungen Kaffeetassen in Garderoben und Kinderräumen findet oder das Büro der Leitung zu einem Materiallager verkommt?

In einem neuen Kindergarten oder einer neuen Schule ist alles schön eingerichtet. Doch nach und nach verschwinden die Möbel und Materialien. Sie werden anderswo genutzt und nicht zurückgestellt, oder gehen kaputt und werden nicht ersetzt. Die Pädagogen, die diese Räume nutzen, bemerken dies häufig gar nicht. Sie schränken sich ein, arbeiten mit Notlösungen und verzichten am Ende sogar darauf, das Lernen interessant zu gestalten: Es war ja nichts da, was man hätte benutzen können ...

Wenn Gegenstände beginnen zu wandern und zu verschwinden, verschwindet damit auch der Sinn des Raums. Wenn hier nicht von Beginn an Einhalt geboten wird, lösen sich wichtige Strukturen und Regeln auf. Dies ist der Beginn einer Verwahrlosung, die sich in alle Bereiche der sozialen Gemeinschaft ausweiten wird: Morgenkreise und Angebote fallen aus, weil niemand die Kraft hat für Vertretung zu sorgen. Das Verhalten der Akteure in diesen Gemeinschaften wird nicht reguliert und so verfällt das System. Die Arbeit in solchen Kindergärten oder Schulen wird von Tag zu Tag anstrengender und erfolgloser.

Warum fühlen sich Menschen so häufig nicht für ihre Umgebung verantwortlich? Die Antwort steckt in einem Teufelskreis: jemand akzeptiert das Bemalen der Tische in den Klassenräumen. Eine andere Person, die dies bemerkt, wird vielleicht nicht eingreifen, weil sie denkt, dass die Regeln nicht mehr existieren. Dieses System, man nennt es auch den *Broken Window Effekt*[4], setzt sich fort. Weitere Regeln lösen sich auf und damit dann auch die Strukturen. Die Menschen in diesem System verlieren die Orientierung und damit sinkt das Sicherheitsgefühl. Am Ende führt die Situation zum Verlust der Zugehörigkeit und die Bereitschaft zur Übernahme von Verantwortung sinkt. Das alles bewirkt weitere Auflösungen.

Auch in Klax Einrichtungen sind hin und wieder solche oder ähnlich Dynamiken zu beobachten. Wir wissen jedoch, wie wichtig strukturelle Stabilität und gelebte Regeln für den Bestand sicherheitsgebender Ordnung sind. Deshalb haben wir die Strukturen und Regeln der sozialen Gemeinschaft zum Fundament unseres pädagogischen Ansatzes erklärt.

Es braucht Pädagogen, die in der Lage sind, Zeit aufzuwenden, um Raum- und Materialstrukturen zu erhalten und Leitungspersonen, die strukturschützende Regeln durchsetzen und zugleich viele Momente in das Alltagsleben der Kinder und Erwachsenen einfügen, die Identifikation und Verantwortungsübernahme unterstützen. Identifikation und Verantwortungsübernahme bilden die Grundlage für die aktive Beteiligung jedes Einzelnen am Gelingen der sozialen Gemeinschaft.

---

4   Vgl. Wilson, James Q. & Kelling, George L.: Broken Windows. The Police and Neighborhood Safety. In: The Atlantic Monthly, März 1982. [Stand 11.10.2019: www.theatlantic.com/magazine/archive/1982/03/broken-windows/304465/]

Strukturen

Strukturen sind die Grundlage des Zusammenlebens. In Kitas und Schulen gibt es eine ganze Reihe von strukturellen Beschlüssen, die absolut notwendig und qualitätsbestimmend sind. Dabei handelt es sich zum Beispiel um die Gruppengröße, Alterszuordnung, Raumstruktur oder den Personalschlüssel. In der Tagesstruktur wird festgelegt, was welche Gruppe mit welcher Begleitperson zu welcher Tageszeit tut. Es bilden sich Rituale, die die soziale Gemeinschaft hervorheben und ihren Mitgliedern Zugehörigkeit und Identifikationsfläche bieten. Identifikation und Verantwortungsübernahme werden gefördert, wenn die Strukturen so gestaltet werden, dass die Menschen Beziehungen zueinander aufbauen können, Zugehörigkeit erleben und Verantwortung für bestimmte Teile der Struktur übertragen bekommen.

Regeln

Regeln sorgen für den Schutz der Strukturen. Sie bilden Verhaltens-
leitlinien, die die Mitglieder einer Gemeinschaft zusammenführen.
Regeln, die für große übergreifende Strukturen, wie zum Beispiel Länder oder Staaten gelten, sind in Gesetzen niedergeschrieben. Kleinere
Einheiten wie z.B. Schulen oder Kindergärten schaffen sich eigene
Regeln, die meist von den Gegebenheiten und dem Entwicklungsstand der Gemeinschaft abhängen. Regeln verlieren ihren Sinn, wenn
ihre Einhaltung nicht durchgesetzt wird. Hier kommt es auf Füh-
rungsstrukturen an, die in der Lage sind, eine soziale Gemeinschaft
so zu entwickeln, dass sie mit wenigen prägnanten Regeln auskommt
und gleichzeitig die Mitglieder der Gemeinschaft so viel soziale Kon-
trolle untereinander ausüben, dass nur wenig Sanktionen von einer
übergeordneten Stelle notwendig sind.

Es gibt viele wichtige Regeln in pädagogischen Einrichtungen:
Regeln zur Kommunikation mit den Eltern, die Hausordnung, Regeln
zum Verhalten bei Tisch usw.

Die Geschichte der Kaugummiregel

Die Schülersprecher der 6. Klasse begleiten einen Besucher, einen jungen Wissenschaftler, durch das Gebäude. Dabei fällt ihnen auf, dass er Kaugummi kaut.

„Du weißt schon, dass das an unserer Schule nicht erlaubt ist?", sagt Max. Der Besucher kennt diese Regel natürlich nicht und fragt: „Aber warum? Kaugummi kauen ist gut für das Lernen. Die Beanspruchung der Kiefermuskeln fördert die Durchblutung im Gehirn und damit die Konzentration." – „Ja das haben wir auch gehört", sagen die Kinder. Sie erzählen, dass die Schulleitung die Schülersprecher beauftragt hat, die Regel zu diskutieren und zu überprüfen, ob sie aufgehoben werden kann. Bisher sorgten Kaugummis für Unmut, die unter Tischen klebten.

Die Schülersprecher hatten die Idee, kleine Mülleimer und Papierspender anbringen zu lassen, damit alle kaugummikauenden Schüler ihren Kaugummi eingewickelt wegwerfen können. Der Schulleiter war bereit dieses Vorgehen zu akzeptieren, wenn die Schülersprecher einen Papiernachfülldienst und einen Dienst zum Entleeren der Mülleimer ins Leben rufen. Die Schülersprecher bemühten sich.

Doch das Papier wurde nicht nachgefüllt, die Eimer nicht ausgeleert und die Kaugummis klebten wieder unter den Tischen. Das Kaugummiverbot wurde wieder eingeführt.

„Unsere Schulgemeinschaft ist noch nicht so weit, dass sie mit dieser Verantwortung umgehen kann. Bis sich dies ändert, wird hier kein Kaugummi gekaut", erklärt Max und hält dem Besucher ein Stück Papier hin, damit dieser seinen Kaugummi sicher entsorgen kann.

■■❙ WERTE – DIE UNVERZICHTBARE BASIS DES ZUSAMMENLEBENS

Werte, Strukturen und Regeln schaffen die Basis für Identifikation und Zugehörigkeit. Deshalb haben sie eine so hohe Bedeutung in pädagogischen Institutionen:

- Werte sind der wichtigste Identifikationsfaktor für eine soziale Gemeinschaft. Sie müssen deshalb sehr häufig diskutiert und klar kommuniziert werden.
- Strukturen ordnen die soziale Gemeinschaft. Sie sorgen für Übersichtlichkeit und machen so Zugehörigkeit möglich.
- Regeln schützen die Strukturen und tragen so zu Sicherheit und Wohlbefinden bei.

Werte helfen den Lernenden und den pädagogischen Fachkräften, sich zu orientieren. Sie bilden den Rahmen für selbstständiges Handeln und Eigenverantwortung. Strukturen und Regeln operationalisieren die Werte und helfen dabei, ein professionelles Rollen- und Selbstverständnis im Beruf aufzubauen und die eigene Handlungsfähigkeit im pädagogischen Alltag weiterzuentwickeln – besonders in Grenzsituationen.

Strukturen werden so gestaltet, dass sie das Leben der Werte ermöglichen. Der respektvolle Umgang miteinander wird häufig in der Wertebasis von pädagogischen Einrichtungen festgehalten. Nun ist es nicht sehr respektvoll, wenn jemand zu spät zum Unterricht kommt. Die Schüler werden deshalb dazu angehalten, rechtzeitig in der Schule zu sein, damit sie pünktlich zu Unterrichtsbeginn im Klassenraum sitzen.

Damit dies gelingt, muss über respektfördernde Strukturen nachgedacht werden. Bei Klax gibt es die Ankommenszeit, ein Zeitfenster, in dem sich alle in der Schule einfinden können. Die Cafeteria hat geöffnet, Lehrpersonen sind in den Klassenräumen unterwegs, die Schüler können sich in der Schule frei bewegen.

Diese Tagesphase braucht nun die Anpassung anderer Strukturen. Zum Beispiel muss der Schulleiter seine Morgenrunde mit den Lehrern zeitlich so anpassen, dass diese in der Ankommenszeit anwesend sein können und nicht zu spät zum Unterricht erscheinen.

Die Anpassung der Strukturen an die Werte ist eine nicht zu unterschätzende Aufgabe, die besonderer Beachtung bedarf.

In Kindergärten kommt es immer wieder zu Konflikten, wenn Eltern ihre Kinder nicht pünktlich bringen und so der Morgenkreis wieder und wieder gestört wird. Auch hier geht es um Respekt. Kindergartenleitung und Elternschaft müssen sich auf einen guten Tagesbeginn einigen, der die Bedürfnisse aller Beteiligten respektiert. Dies ist nicht einfach, denn manche Kinder sind schon seit 7:00 Uhr in der Einrichtung und können nicht auf Kinder warten, die erst um 10:00 Uhr im Kindergarten eintreffen. Im Interesse aller ist es nicht möglich, den Morgenkreis nach hinten zu verlegen. Es ist eine legitime Forderung der Kindergartenleitungen, die Eltern zu bitten, ihre privaten Abläufe so umstellen, dass der Morgenkreis für alle ungestört um 9:00 Uhr beginnen kann. Die Art, wie darüber verhandelt wird, sollte immer von Respekt geprägt sein.

Werte, Strukturen und Regeln tragen dazu bei, dass jeder sich als Teil der sozialen Gemeinschaft begreifen und die Mitgestaltungsmöglichkeiten verantwortungsvoll wahrnehmen kann.

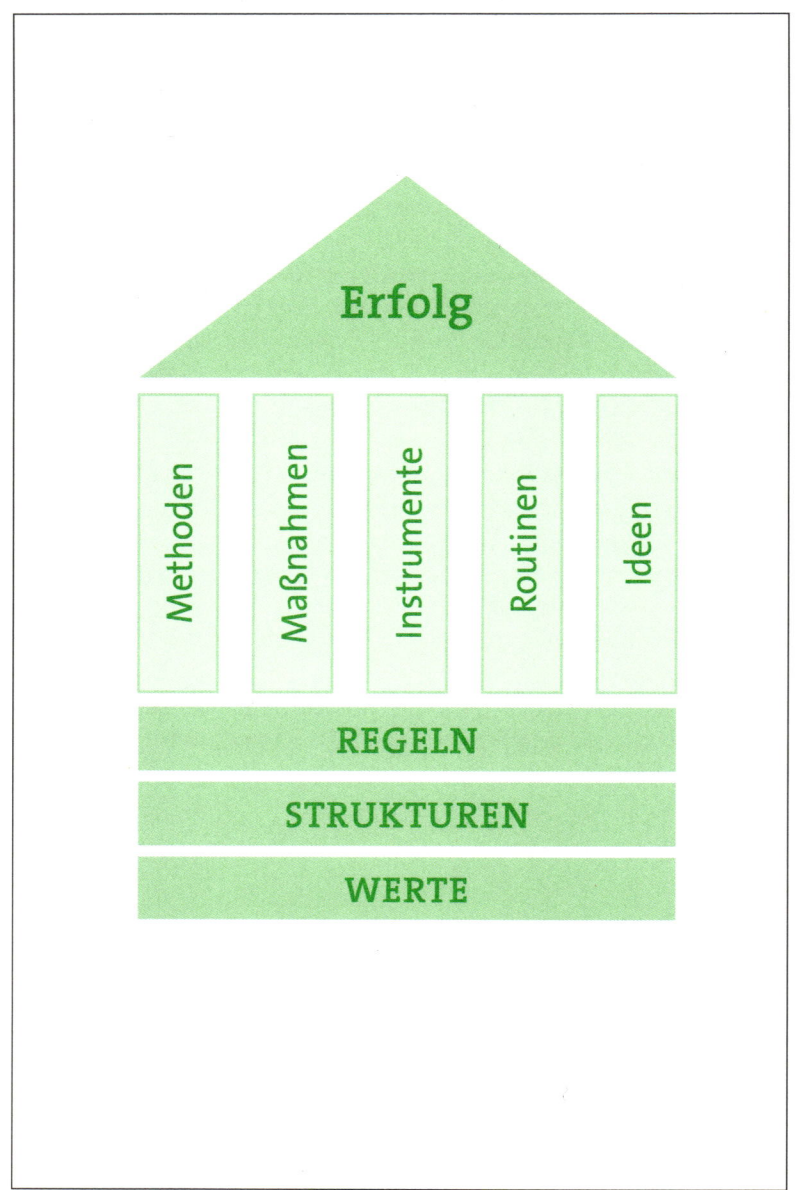

Werte

Werte sind das Fundament des Zusammenlebens. Sie sind nicht in Regeln ausdefiniert, bilden aber die Grundlage für Strukturen und Regelungen. Jede soziale Gemeinschaft braucht eine Wertegrundlage, die die Basis für Identifikation und Verantwortungsübernahme bildet. Bei Klax gibt es das Ritual des Wertegrundtages: eine Veranstaltung, die alle Mitglieder einer Schule oder eines Kindergartens zusammenholt, um über die Wertegrundlage der Institution zu diskutieren und diese in wenigen Sätzen auf einem Plakat festzuhalten, welches als Wertegrund ein Jahr lang alle Mitglieder der sozialen Gemeinschaft an die gemeinsam festgelegte Wertebasis erinnert.

Ablauf Wertegrundtag (Beispiel Schule)

Jede Klasse braucht:
- Metaplantafel oder Flipchart mit zwei Bögen großem Papier
- Metaplanstifte
- Metaplankarten
- Wertespiel (ggf. Kopien)

1. Morgenkreis mit Wertekarten[5]
- Wertekarten aus dem Büro holen und jeder Klasse fünf bis zehn Stück geben. Die Wertekarten wurden von der Schulleitung auf Grundlage der aktuellen Situation in der Schule ausgewählt und kopiert.
- Im Morgenkreis das Thema „Werte" behandeln und dabei Beispiele auf den Wertekarten ansehen. Besprechen, was z. B. der Wertebegriff auf einer der Karten für die Schulgemeinschaft bedeutet. Dazu die Klasse in Kleingruppen teilen. Eine Gruppe Schüler erklärt der Klasse einen Begriff.
- Nach dem Morgenkreis wird in der Klasse darüber gesprochen, was Werte sind und warum wir Werte brauchen. Im Zuge dieser durch den Klassenlehrer/Tutor moderierten Diskussion wird geklärt, dass Werte die Basis sind, auf der wir Regeln und die damit verbundenen Folgen bei Nichteinhaltung aushandeln.

Achtung: Werte sind NICHT gleich Regeln! Weil wir uns auf den Wert „Respekt" geeinigt haben, ist körperliche Gewalt tabu. „Respekt" ist der Wert, „Gewalt ist tabu" die Regel. Die Konsequenz ist der Ausschluss aus der Gemeinschaft.

---

5   Auf den Wertekarten sind die zuletzt in der Gemeinschaft festgelegten, also noch aktuellen Werte aufgelistet. Sie liegen stets griffbereit.

Nach dem Frühstück:

Die Frage „Warum brauchen wir Werte?" an die Tafel schreiben. In der sich anschließenden Diskussion mit der Klasse eine Regel finden. Diese Antwort ebenfalls an die Tafel schreiben. Achtung: Die Antwort sollte viel mit dem Leben der Schüler in der Schulgemeinschaft zu tun haben, z. B.: „Damit ich gut lernen kann, brauche ich, dass sich alle respektvoll verhalten."

2. Wertegrund in der Klasse erstellen
Leitfrage: Wie wollen wir in der Klasse und in der Lernfamilie zusammen leben und lernen?

- Schüler und Pädagogen legen gemeinsam eine Ideensammlung an. Dazu brauchen sie Metaplankarten und Stifte.
- Die Antworten und Ideen auf die Karten schreiben. Darauf achten, dass Werte notiert werden und nicht Regeln, Konsequenzen, Verbote oder sogar Strafen. (Die Regeln und Konsequenzen bei Nichteinhaltung erstellt die Schulleitung gemeinsam mit den Schülersprechern und einigen Pädagogen).
- Auf der Grundlage der Worte auf den Karten Sätze bilden. Jede Klasse einigt sich auf drei Sätze und schreibt diese auf ein Poster.

3. Wertegrund einbringen
- Jede Klasse berät darüber, welche Sätze von ihrem Klassenposter auf jeden Fall in den Wertegrund der Schule aufgenommen werden sollen. Die beiden Klassensprecher erhalten den Auftrag, das Wertegrundposter der Klasse in die Sitzung der Klassensprecher mitzunehmen.

- Die Klasse gibt ihnen Argumente mit auf den Weg, um die ausgewählten Sätze zu untermauern. Diese Argumente werden auf Karten aufgeschrieben und später von den Klassensprechern vorgetragen.

Nach dem Mittag:

4. Sitzung der Klassensprecher zum Schulwertegrund

- Die Klassensprecher treffen sich im Lernatelier und stellen nacheinander ihre Wertegründe vor. Sie erläutern vor allem die Sätze, die ihrer Klasse besonders wichtig sind und bringen die passenden Argumente an.
- Die Klassensprecher der Schule einigen sich in der Diskussion auf die fünf Sätze, die den Wertegrund der Schule bilden sollen. Der Schulleiter moderiert dieses Treffen.
- Diese Sätze werden auf einem neuen Poster zusammengestellt und bilden den Wertegrund der Schule.
- Während die Klassensprecher zusammenarbeiten, wird in den Klassen am Portfolio und den Logbüchern gearbeitet. Der Klassenraum wird für die nächsten Schultage vorbereitet: gestaltet, gereinigt und aufgeräumt.
- Jeder Klassensprecher macht ein Foto des Schulwertegrundes und geht zurück in seine Klasse. Er stellt den Wertegrund vor und erläutert, wie dieser zustande gekommen ist.

Vesper und Abschlusskreis:

5. So geht es weiter

Die Schulleitung stellt den Schulwertegrund den Elternvertretern in der nächsten Sitzung vor und sorgt dafür, dass dieser in jedem Klassenraum, im Schulleitungsbüro und im Sekretariat sowie im gesamten Schulhaus ausgehangen wird.

Werte, Strukturen und Regeln

Werte sollen identifizieren, Strukturen gelebt und Regeln einge-
halten werden. Dies gelingt gut, wenn auf Folgendes geachtet
wird:

- Werte integrierend, nicht ausschließend formulieren
- über Werte, Strukturen und Regeln stets aktivierend
  kommunizieren
- Strukturen stets nachvollziehbar, leicht wiedererkennbar
  gestalten
- Sinn einer Struktur oder Regel kommunizieren
- Zusammenhänge zwischen Werten, Strukturen und Regeln
  verdeutlichen

■■■ IDENTIFIKATION UND ZUGEHÖRIGKEIT ALS VORAUSSETZUNG FÜR BETEILIGUNG

Wer eine Einrichtung zum ersten Mal betritt, sei es ein Kindergarten oder eine Schule, braucht Zeit um sich zurechtzufinden: Wo befindet sich die Garderobe, wo die Toiletten, wo sind die Klassenräume oder die Gruppenräume der Kinder? Neben der räumlichen Orientierung findet sich der Neuling in den zeitlichen Abläufen mehr und mehr zurecht. Das Kennenlernen der Kollegen und ihrer Aufgaben in der Institution ist eine dritte Komponente, die zum Einfinden in ein neues System beiträgt.

Erst wenn der Neuling sich auskennt, selbstständig im Tagesablauf mitarbeiten kann und weiß, wer noch zum Team gehört und wer nicht, beginnt er ein Gefühl von Zugehörigkeit zu entwickeln. Die Voraussetzung ist dabei, dass die älteren Mitglieder des Teams den Neuling gut aufnehmen und in das System bereitwillig und sorgsam einführen. Passiert dies nicht, kann der Neuling kein Vertrauen in die Strukturen und Abläufe und zu den Kollegen entwickeln. Ohne dieses Vertrauen empfindet er keine Sicherheit. Dieser Ablauf gilt auch für Kinder, die in Krippen und Kindergärten eingewöhnt werden, oder sich als Erstklässler in einer Schule zurechtfinden müssen. Diese Eingewöhnungs- oder Ankommensprozesse sind störanfällig und brauchen viel Aufmerksamkeit und Genauigkeit in der Begleitung. Häufig wechselnde Personen, unklare Routinen, Regeln, die nicht für alle gelten oder von den Leitungspersonen immer wieder anders ausgelegt werden, stören solche Prozesse erheblich und verhindern am Ende, dass Menschen in Systemen gut ankommen können.

Bei Klax wünschen wir uns Menschen, die sich an der sozialen Gemeinschaft beteiligen. Damit dieser Wunsch in Erfüllung geht, gibt es eine ganze Menge zu beachten.

Die Begegnungswoche findet jedes Jahr immer zu Beginn des neuen Kita- oder Schuljahres statt. In dieser Woche geht es darum, sich neu zu begegnen, sich in der Umgebung der Schule bzw. des Kindergartens neu einzufinden, neue Mitglieder der Gemeinschaft aufzunehmen und gemeinsam den Start in das neue Jahr zu zelebrieren.

Diese Woche wird überall aufwendig vorbereitet. Alle (Eltern, Pädagogen und Kinder) sind über den Ablauf informiert und erscheinen froh gestimmt am ersten Tag. Es beginnt mit einem Rundgang durch das Haus, der zum Ziel hat, dass sich alle gut auskennen und zurechtfinden können. Der Rundgang ist allerdings kein trockenes Ablaufen der Gänge, sondern wird als großes Spiel zelebriert. Fotos von Raumecken müssen identifiziert, Raumnamen erklärt, Hindernisse auf Fluren überwunden und Aufgaben auf dem Freigelände gelöst werden. Alles wird dokumentiert und am Ende des Tages der Gemeinschaft präsentiert. Dabei ist es egal, ob große Poster ausgehangen werden, eine Diashow über die Fernseher läuft oder man Vorträge hält. Wichtig ist, dass alle sich beteiligen, dass das umeinander Kümmern von Pädagogen gezielt inszeniert wird und immer wieder mit Scherzen und positiven Interventionen für eine gute Stimmung gesorgt wird.

Erfahrene Pädagogen nutzen die Situation zur Beobachtung ihrer Kinder oder Schüler. So werden die identifiziert, die sich vielleicht nicht so gut in die soziale Gemeinschaft einfinden. Hier kann sofort interveniert werden. Vielleicht muss etwas an der Situation verändert werden, eventuell hilft ein Gespräch mit dem Kind selbst, oder mit den Eltern usw.

In der Begegnungswoche werden die Schülersprecher gewählt, der Wertegrund verhandelt, die Eltern der Kitakinder zu einem ersten Elternnachmittag zum Kennenlernen der Kollegen, der Räume und der Abläufe eingeladen. Am letzten Tag wird ein Wettbewerb der Klassen ausgerufen, aus dem eine Siegergruppe hervorgeht, die eine Urkunde und einen Pokal in ihren Klassen oder Gruppenraum stellen kann.

Bei Klax nehmen wir uns viel Zeit für die soziale Gemeinschaft. Ein gut geplantes Ankommensritual, immer wieder fest eingeplante Zeiten für Gespräche miteinander, wie z. B. zum Morgenkreis, zum Abschlusskreis, das Portfoliogespräch und Gesprächszeit beim Essen geben den notwendigen Reflexionen einen Platz und sorgen für Anbindung.

Wir kümmern uns umeinander, organisieren Dienste an der sozialen Gemeinschaft wie Tischdienst, Aufräumdienst, oder Respektlotsenarbeit und versuchen so alle mit einzubinden.

Wir sind überzeugt davon, dass die gewählten Maßnahmen zur Identifikation jedes Einzelnen beitragen. Wer sich mit seiner Schule oder seinem Kindergarten identifiziert, wird sich am Schutz von Strukturen beteiligen, wird sich für die Weiterentwicklung engagieren, Regeln mitdiskutieren und dann durchsetzen helfen.

Eine gut funktionierende soziale Gemeinschaft ist die wichtigste Grundlage für das Gelingen aller Aufgaben und das Erreichen aller Ziele.

Wir haben viele Methoden und Elemente entwickelt um Menschen Identifikation und Zugehörigkeit zu ermöglichen und so zu erreichen, dass sie sich am Leben in einer Schule oder einem Kindergarten beteiligen, wie zum Beispiel den Wertegrundtag.

Routinen und Rituale unterscheiden

Routinen sind wiederkehrende Handlungen und Abläufe. Sie folgen der immer gleichen Systematik und bieten dadurch Sicherheit und Stabilität, da jeder weiß, was ansteht und passieren wird. Die Tagesstruktur ist eine der bekanntesten Routinen im pädagogischen Alltag.

Rituale sind Ereignisse, die mit einer hohen Symbolik, spezifischen Umgangsformeln und Gesten verbunden sind. Viele Kindergärten haben zum Beispiel Rituale, wie sie den Geburtstag eines Kindes feiern: Es gibt einen Geburtstagsstuhl, auf dem immer nur das Geburtstagskind sitzen darf. Der ganze Kindergarten kommt immer vor dem Mittagessen zusammen, um dem jeweiligen Geburtstagskind das Geburtstagslied zu singen.

Hauptzweck von Ritualen in einer sozialen Gemeinschaft ist die Stärkung der Zusammengehörigkeit und der Identifikation des einzelnen mit der Gruppe.

Die Geschichte vom Wertegrundtag

Es ist der vierte Tag der Begegnungswoche in der Schule. Die frisch gewählten Schülersprecher diskutieren in ihren Klassen die Grundwerte, die im gerade begonnen Schuljahr besonders wichtig sein werden. Die Klassenlehrer und Tutoren haben den Schülern erklärt, was Werte sind, wodurch sie sich von Regeln unterscheiden und warum diese für die Schulgemeinschaft besonders wichtig sind.

Die Schüler entwickeln einen Satz nach dem anderen, in dem sie beschreiben, welcher Wert ihnen wichtig ist und warum. Die Schülersprecher dürfen drei Sätze in die große Diskussionsrunde mitnehmen, in der die Vorschläge aus allen Klassen mit dem Schulleiter diskutiert werden.

Maja aus der ersten Klasse findet es wichtig, dass „Humor" in den Wertegrund der Schule hineingeschrieben wird. Ihre Klasse hat ihr den Satz „Wir sind humorvoll, weil wir dann besser lernen." mitgegeben. Anton aus der 12. Klasse gefällt das nicht. Er sagt offen, dass er die Arbeit der Erstklässler für „Babykram" hält. Damit kann Mareike aus der 8. Klasse gar nicht leben. Ihr ist Respekt sehr wichtig und sie weist Anton aufgrund seiner Respektlosigkeit zurecht.

Nach einer Stunde hat die Schule sich auf einen Wertegrund geeinigt.

■■■ VERANTWORTLICHES HANDELN UND BETEILIGUNG ALS VORAUSSETZUNGEN FÜR GEMEINSCHAFTSORIENTIERTE SELBSTBESTIMMUNG

Der berühmte Leitsatz „Habe Mut, dich deines eigenen Verstandes zu bedienen!"[6] macht deutlich, was moderne soziale Gemeinschaften brauchen: Menschen, die mitdenken, mitgestalten und sich auf ein gemeinsames Ziel einlassen können. Es braucht Menschen, die am Gelingen interessiert sind und Bereitschaft zeigen Verantwortung für sich und andere zu übernehmen.

Verantwortungsübernahme wird durch gut durchdachte Strukturen, Routinen und Regeln ermöglicht. Trotzdem ist es nicht realistisch jede Situation vorausdenken zu wollen, um im Vorhinein zu definieren, wie verantwortliches Handeln in jeder Situation aussehen kann. Wer sich verantwortlich verhält, geht immer das Risiko ein, einen Fehler zu machen, falsch zu liegen oder etwas zu übersehen. Wo etwas nicht geregelt ist, muss der gesunde Menschenverstand zum Einsatz kommen.

Aktive Mitglieder einer sozialen Gemeinschaft werden lernen, wie es sich anfühlt mit einer Ansicht allein dazustehen, werden üben auszuhalten, dass andere sich nicht überzeugen lassen und sind häufiger damit konfrontiert, damit umzugehen eine eigene Ansicht revidieren zu müssen. Wer sich beteiligt, muss „fehlermutig" sein.

---

6   Immanuel Kant: Beantwortung der Frage: Was ist Aufklärung? In: Berlinische Monatsschrift, Biester, Johann Erich & Gedike, Friedrich. Berlin 1784, H. 12, S. 481–494.

Fehlermutigkeit

Der Begriff „Fehlermutigkeit" geht davon aus, dass Fehler zum Lernen da sind. Wer Fehler macht und diese reflektiert, lernt unweigerlich. Wenn Lernen das Ziel darstellt, ist es geradezu notwendig Fehler zu machen. Das braucht wiederum Mut – Fehlermutigkeit eben.

Werte, Strukturen und Regeln befreien nicht vom Mitdenken! Im Gegenteil, sie erfordern die Verantwortungsübernahme jedes einzelnen. Die Verantwortung für die soziale Gemeinschaft trägt keiner allein. Es braucht die Zusammenarbeit von vielen. Im Sinne aller verantwortlich handelnden Mitglieder einer sozialen Gemeinschaft gelingt es leichter eine sichere und vertrauensvolle Atmosphäre zu schaffen: die perfekte Basis für erfolgreiches Lernen.

Das alles ist nicht leicht. Niemand würde auf die Idee kommen ein kleines Loch in die Staumauer eines gut gefüllten Staudamms zu bohren. Allen ist klar, dass dieses winzige Loch die Ursache für die vollständige Zerstörung des Staudamms sein wird.

In der Pädagogik ist man leider nicht so vorsichtig.

Gute Strukturen erleichtern den Arbeitsalltag und den professionellen Umgang der Kolleginnen untereinander. So verhindert z.B. eine durchdachte Sitzungsstruktur, dass diese sich durch unpräzise Abläufe wie ein Kaugummi in die Länge ziehen kann. Die Einhaltung dieser Struktur ist Merkmal eines respektvollen Verhaltens, vor allem gegenüber Mitgliedern der sozialen Gemeinschaft, die Kinder haben und auf einen pünktlichen Arbeitsschluss angewiesen sind.

Besonders in Kindereinrichtungen scheint der Umgang mit Strukturen besonders schwerzufallen. Pädagogen ist zum Beispiel durchaus bekannt, wie wichtig eine täglich wiederkehrende Tagesstruktur für die Kinder ist. Trotzdem wird diese wichtige Basisstruktur leichtfertig außer Kraft gesetzt, sobald eine Erzieherin oder Lehrerin krank ist oder irgendein unvorhersehbares Ereignis eintritt. Dabei kann es im Kindergarten oder in der Schule nichts Unvorhersehbares geben. Bildungseinrichtungen sind strukturell darauf eingestellt, dass immer irgendetwas nicht läuft wie geplant. Die Stärke des Systems liegt darin, damit umzugehen.

Es ist also nur ein kleiner Schritt, den Umgang mit dem Unvorhersehbaren an den Bedürfnissen und Zielen der Gemeinschaft auszurichten. Die Kinder und Jugendlichen erfahren jeden Tag als verbindliche Routine, wenn wichtige Strukturelemente durch die Entscheidungen der Pädagogen geschützt werden. Dafür muss von allen alles dafür getan werden, Strukturen aufrechtzuerhalten, sei es auch unter schwierigsten Bedingungen.

Freiheit braucht Verantwortung

Identifikation und Verantwortung brauchen neben guten Strukturen vor allem Freiräume. Freiräume für selbstverantwortliches Handeln sind in sinnvollen Strukturen enthalten, die dazu dienen, Aufgaben und Ziele schnell und effizient zu koordinieren.

Für pädagogische Fachkräfte bedeutet das Zusammenspiel von Regeln und Verantwortungsübernahme im Alltag, dass sie den Lernenden – unterstützt durch passende Angebote und Materialien – stets den notwendigen Freiraum lassen, Dinge selbst zu tun, um Herausforderungen zu meistern. Pädagogische Fachkräfte vom Kindergarten bis hin zur Erwachsenenbildung verstehen sich als „Lernbegleiter", die den Rahmen gestalten, in dem die Lernenden selbst aktiv tätig sein können. Dies gilt für die Kinder genauso wie für die erwachsenen Mitglieder der sozialen Gemeinschaft, handelt es sich nun um Kollegen oder um Eltern. Deshalb organisieren wir Lernsettings so, dass Lernende die Verantwortung für ihre Lernwege und den eigenen Lernerfolg auch wirklich tragen können.

Respektlotsen

Die Schulhofaufsicht gehört zu den wirklich ungeliebten Aufgaben in jeder Schule. Vor allem dann, wenn die soziale Gemeinschaft noch nicht gut entwickelt wurde, ist diese Aufgabe kaum ausführbar. Es ist wenig erfolgversprechend, wenn Lehrer sich anstrengen und tapfer versuchen die Schülerschaft während der Hofpause im Zaum zu halten. Viel sinnvoller ist es, sich zusammenzusetzen und eine Lösung zu finden, die die Bedürfnisse der Schüler respektiert. Die Idee der Respektlotsen gibt die Verantwortung für eine freie und selbstbestimmte Hofpause an die Schüler zurück. Zuvor stellt die Schulgemeinschaft Regeln für die Hofpause auf. Einige Schüler übernehmen die Verantwortung für die Einhaltung der Regeln. Sie tragen in der Pausenzeit eine Weste, die sie als Respektlotsen kennzeichnet. Ein oder zwei Lehrpersonen sind ebenfalls anwesend, halten sich aber im Hintergrund. Die Respektlotsen erhalten regelmäßig Trainingsstunden in Gesprächsführung, Deeskalation und Gewaltprävention. Sie sind auf dem Schulhof vertrauenswürdige Ansprechpartner für kleine und große Schüler, schlichten wenn notwendig einen Streit.

Beteiligung ist in jeder sozialen Gruppe eine wirksame Zutat, denn so sorgen alle gemeinsam für Stabilität und Vertrauen in die pädagogische Institution, sei es nun eine Kita oder eine Schule.

Graduierung als pädagogische Methode

Es ist schön sich umeinander zu kümmern. In der Klax Schule gibt es das Werkzeug der Graduierung. Schüler mit guten Leitungen und ebenso gutem Sozialverhalten können sich darum bewerben graduiert zu werden. Drei Stufen werden unterschieden: *Beginner, Advanced* und *Master of Learning*. Jede Stufe beinhaltet Pflichten und Privilegien. Jeder, der neu in die Schulgemeinschaft kommt, gilt als Beginner. Nach einigen Monaten kann der Beginner versuchen andere Schüler und einige Lehrer von seiner Eignung für den Advanced Status zu gewinnen. Mindestens fünf Mitschüler und drei Lehrer müssen sich für die Graduierung aussprechen. Einmal zum Advanced aufgestiegen, übernimmt der Schüler eine Patenschaft für einen jüngeren oder „schwächeren" Schüler. Die Graduierung verhilft aber auch zu Privilegien. Graduierte Schüler können selbstständig im Lernatelier lernen. Sie müssen sich während des Unterrichts nicht immer im Klassenraum aufhalten. Lernen in der Bibliothek oder in der Cafeteria ist genauso gut möglich. Voraussetzung dafür sind kontinuierlich gute Leistungen. Ein Master of Learning kann sein Lernen frei gestalten und auch den Lernort frei wählen, so lange er seine Leistungen pünktlich und mit gutem Ergebnis abrechnet. Dies steht häufig im Widerspruch zur Schulpflicht. Daher kommt der Master of Learning eher in der Oberstufe und in der beruflichen Ausbildung bei Klax zur Anwendung.

▊▎▏ UMGANG MIT VERMEINTLICH SCHWIERIGEN KINDERN ODER SCHÜLERN

Wenn wir über unsere Vorstellung von individuellen Lernwegen sprechen, kommt auffällig häufig die Frage nach dem angemessenen Umgang mit vermeintlich „schwierigen" Schülern auf. Deshalb möchten wir an dieser Stelle zumindest in Form von kurzen Statements darauf eingehen, um unsere Grundhaltung zu verdeutlichen:

− Wir können keine angemessenen Grenzen setzen und Regeln aufrechthalten, wenn wir nicht verstehen, warum Kinder oder Schüler sich „schlecht" verhalten. Hunger, Müdigkeit, Ängste und Unverständnis sind die häufigsten Gründe für unangepasstes Verhalten.
− In erster Linie fallen Schüler auf, die sich durch ihr Verhalten in das Zentrum der Aufmerksamkeit der pädagogischen Fachkraft oder der gesamten Lernfamilie stellen. Schüchterne und zurückhaltende Schüler, die sich aus dem Zentrum der Aufmerksamkeit stehlen, fallen viel seltener auf.
− Schüler mit besonderen Begabungen sind in einigen Bereichen fit, können aber oft andere Lebensbereiche nicht ausfüllen oder es fällt ihnen schwer, sich auf soziale Kontakte einzulassen oder diese fortzuführen.
− Im Sinne einer inklusiven Gemeinschaft sind auffällige Schüler mit ihren Stärken und Schwächen in den Schulalltag einzubinden. Sie sollen dort „abgeholt" werden, wo sie sich von ihrem Entwicklungsstand her befinden. Grundsätzlich muss sich ein auffälliger Schüler – wie alle anderen Lernenden auch – mit all seinen Stärken und Schwächen in der sozialen Gemeinschaft angenommen fühlen.
− Auffälliges Verhalten ist immer etwas, was aus der Sicht des Betrachtenden auffällt und dementsprechend Auslegungssache. Aus diesem Grund ist es die Aufgabe der pädagogischen Fachkräfte, regelmäßig zu reflektieren, ob ihre Eindrücke einer kriti-

schen Überprüfung standhalten oder warum sie gerade auf ein bestimmtes Verhalten „anspringen". Diese Reflexionsfähigkeit gehört zu einem professionellen Rollenverständnis dazu.

●●

Darauf achten wir

- Auch ein Konflikt ist eine Beziehung.
- loben statt kritisieren, Ermutigung durch Lob
- Lösungen statt Konsequenzen
- keine Erziehung ohne Beziehung
- richtiges Verhalten vorleben
- Kindern Mitgefühl beibringen
- Machtkämpfe vermeiden
- positives Verhalten fördern
- Das grundsätzliche Ziel eines jeden Kindes ist es, dazuzugehören.

●●

SchuBs[7] – die einfühlsame Gesprächsmethode

Der SchuBs ist eine Beratungs- und Unterstützungsform für Lernende, die der Vereinbarung von sozialen oder fachlichen Zielen dient. Der SchuBs bietet dem Lernenden einen geschützten Rahmen, um zusätzliche Unterstützungsmaßnahmen gemeinsam mit dem Pädagogen zu planen und zu vereinbaren: Wer vor Herausforderungen beim Lernen steht, soll wortwörtlich den nötigen SchuBs erhalten, um eine Lösung zu erreichen. Es werden also konkrete Ziele und Schritte vereinbart, die dem Lernpartner helfen können, sein Lernen

---

7   SchuBs bedeutet „Schulberatungsservice". Der SchuBs ist eine sehr wertschätzende und motivierende Variante des Lehrer-Schüler-Kritikgesprächs. Voraussetzung ist, dass die Lehrperson eine gute Beziehung mit den Schülern pflegt und sich für die Ziele und Neigungen der Schüler interessiert. Zum SchuBs wird meistens eingeladen, wenn etwas nicht so läuft wie geplant. Häufig sind schlechte Leistungen oder abweichendes Verhalten der Anlass. Der SchuBs ist ein Gespräch zu zweit. Die Lehrperson steuert das Gespräch bewusst so, dass sie in der Beziehung mit dem Schüler bleibt. Es geht darum, was der Schüler sich für die Zukunft vorgenommen hat, was er werden will und welche anderen persönlichen Ziele er anstrebt. Hierbei können sowohl sportliche als auch musische Ziele gemeint sei, als auch die Beschäftigung eines Hobbys oder Ähnliches. In dieses persönliche Gespräch werden die Kritikpunkte eingeflochten und dabei klar und deutlich herausgearbeitet was verbessert werden muss. Am Ende des Gesprächs steht eine feste Verabredung, ein Plan zur Verbesserung der Situation. Wichtig ist, dass dieser Plan nachkontrolliert wird.

dort besser zu planen, wo es ihm nicht gelungen ist, die sozialen oder fachlichen Lernziele zu erreichen. Wenn ein Lernziel nicht erreicht werden konnte, sollte also immer ein SchuBs-Gespräch erfolgen, bei welchem der Lernpartner und der Lernbegleiter gemeinsam eine bessere Lernstrategie oder eine Änderung der Lernangebote für den Schüler vereinbaren.

Besonders bei einem SchuBs zu sozialen Zielen ist eine konstruktive Gesprächsatmosphäre wichtig: Die pädagogischen Fachkräfte achten darauf, dass sie den Lernenden in seiner Persönlichkeit und seiner Individualität wertschätzen und bekräftigen, auch wenn dessen Verhalten inakzeptabel war oder ist. Der Schüler muss sich auch dann in seiner Person angenommen fühlen, wenn er ermahnt wird oder wenn man sein Verhalten deutlich kritisiert.

Die Vier in Mathe

Max hat wieder eine Vier in Mathe geschrieben. Frau Wagner, seine Mathelehrerin, hat ihm die Arbeit nicht wiedergegeben. Stattdessen hat sie ihn zum SchuBs-Gespräch eingeladen. Nun sitzen sich beide im leeren Klassenraum gegenüber. Frau Wagner bittet Max sein Portfolio[8] zu holen und das Blatt mit seinen persönlichen Zielen aufzuschlagen. Max hat notiert, dass er Tierarzt werden möchte. Frau Wagner erzählt von ihrem Nachbarn, der auch Tierarzt ist. Dieser musste letzte Woche einer Katze, die sich im Kellerfenster eingeklemmt und dabei ziemlich verletzt hatte, das Leben retten. Inzwischen geht es der Katze wieder gut. Max ist begeistert. Genau so stellt er sich sein späteres Berufsleben vor. Er berichtet der Lehrerin von seinen Träumen, in denen er als berühmter Tierarzt arbeitet, der vielen Tieren helfen kann und im Tierschutz aktiv mitwirkt. Es bewegt ihn, dass so viele Tierarten vom Aussterben bedroht sind. Frau Wagner bestärkt ihn, indem sie sagt, dass besonders im Tierschutz gute Tierärzte gebraucht werden. Sie fragt Max, ob er sich schon einmal die Voraussetzungen für das Studium der Veterinärmedizin angesehen hat?

---

8   Vgl. Bostelmann, Antje: Das Portfolio-Konzept für die Krippe. Verlag an der Ruhr, Mühlheim a.d. Ruhr 2008.
Vgl. Bostelmann, Antje: Das Portfolio-Konzept für Kita und Kindergarten. Verlag an der Ruhr, Mühlheim a.d. Ruhr 2007.

Max, der nach der Schule im Tierpark hilft, verneint. Gemeinsam recherchieren sie im Internet. Max erfährt was ein Numerus Clausus ist und wie sich dieser berechnet.

Frau Wagner holt die Mathearbeit hervor. „Mit dieser Lerneinstellung wirst du den Numerus Clausus nicht erreichen und sehr lange auf einen Studienplatz warten müssen", erklärt sie ihm. Sie weiß, dass er in anderen Fächern sehr gute Leistungen erbringt und spricht ihn darauf an. Max gesteht, dass er Mathe nicht mag und auch nicht glaubt, dass er in diesem Fach jemals gute Leistungen erbringen wird. Frau Wagner will ihn vom Gegenteil überzeugen. Gemeinsam legen sie fest wie Max zu besseren Leistungen kommen kann. Sie sprechen noch ein wenig über die verletzte Katze und verabreden ein nächstes Treffen zur Überprüfung der festgelegten Maßnahmen.

Hinweise für das SchuBs-Gespräch

Das passiert im SchuBs:
- Lernberatung
- Laufbahnberatung
- Lebensberatung
- Praxisberatung
- Genießen der gemeinsamen Zeit

Ablauf SchuBs

1. Anmeldung/Einladung
- Der Lernende meldet sich selbst zu einem SchuBs an oder es erfolgt eine Einladung durch den Bezugspädagogen.
- Es werden ggf. weitere Teilnehmer (Fachpädagogen, Förderpädagoge, Eltern) eingeladen.

2. Vorbereitung
- Der Schüler oder Studierende und der Lernbegleiter bereiten sich im Vorfeld auf den Schwerpunkt der notwendigen Beratung vor.

3. SchuBs-Termin
- Der Lernende formuliert das Problem oder die Herausforderung, vor der er beim Lernen und/oder in der sozialen Gemeinschaft steht.
- Der Lernbegleiter benennt die nicht erreichten bzw. nicht zufriedenstellenden Beurteilungen.
- Gemeinsam werden das Logbuch und Portfolio des Lernenden überprüft.
- Es erfolgt eine Ursachen-Konsequenz-Analyse, anschließend werden gemeinsam Schritte, Strategien oder Maßnahmen zur Lernzielerreichung vereinbart: Es wird konkret aufgeschrieben, was genau der Lernende nun tun wird, um seine Ziele zu erreichen.

4. Umsetzung
- Die gemeinsam vereinbarten Schritte, Strategien oder Maßnahmen werden umgesetzt.
- Bewährung im Lernalltag

5. Reflexion
- Die Umsetzung der gemeinsam vereinbarten Schritte, Strategien oder Maßnahmen werden im nächsten SchuBs-Termin nach einem fest vereinbarten Zeitraum reflektiert.

Kompetente Kommunikation

Die Fähigkeit, kompetent zu kommunizieren, ist eine Zukunftskompetenz. Im digitalen Zeitalter stehen überall Informationen aus aller Welt in Echtzeit zur Verfügung. Die meisten Menschen können diese Informationsflut nicht verarbeiten. Sie sind im Umgang mit Informationen gewöhnt, dass diese aufbereitet, vorsortiert und im Kontext der gesellschaftlichen Werte an sie herangetragen werden. Das ist leider schon sehr lange nicht mehr der Fall.

Es fällt vielen Menschen schwer, selber Informationen nach wirksamen Kriterien zu sortieren. Die Digitalindustrie hat sich dies längst zunutze gemacht, um Menschen zu verführen, zu manipulieren und ihre Einstellung zu wichtigen Themen zu verändern. Wir müssen lernen uns davor zu schützen.

Mit Worten kann man Menschen überzeugen und sie für sich gewinnen, man kann sie aber auch manipulieren und instrumentalisieren. Deshalb ist es so wichtig einschätzen zu können, was das Gegenüber mitteilen möchte und welche Interessen dabei vertreten werden.

Bei der Flut an Informationen ist es essentiell, Wichtiges von Unwichtigem und Richtiges vom Falschen zu unterscheiden. Eigene Impulse zu kontrollieren, abwarten und zuhören zu können, überlegt zu sprechen und von sich selbst genau das mitzuteilen, was in dem Moment wichtig ist, sind Fähigkeiten die jeder Mensch braucht. Dazu gehört es auch die eigenen Emotionen zu kennen und im Zaum halten zu können.

Nur wo lernen Menschen dies? In der Schule und im Kindergarten leider nicht. Dabei ist ein Kindergarten oder eine Schule gar kein so verkehrter Ort, um die im Elternhaus erlernten kommunikativen Kompetenzen weiterzuentwickeln.

Die soziale Gemeinschaft braucht also Kommunikationsregeln, die von allen Beteiligten gelebt werden. Es ist nicht möglich von Kindern eine zugewandte und motivierende Sprache zu erwarten, wenn sie im Alltag ihres Kindergartens oder ihrer Schule von Erzieherinnen und Lehrern ständig mit anderen verglichen, ermahnt und korrigiert werden.

Darauf achten wir

- Unsere Sprachwahl ist stets positiv.
- Wir reden miteinander, nicht übereinander.
- Wir achten darauf niemanden zu beleidigen, zu demütigen oder bloßzustellen.
- Wir achten darauf mit jedem gleich wertschätzend zu kommunizieren.
- Wir formulieren Kritik so, dass sie motivierend aufgenommen werden kann.
- Wir geben einander Feedback.

Wir wollen nicht falsch verstanden werden: Eine soziale Gemeinschaft braucht selbstverständlich auch Regulationsstrukturen. Aber müssen diese immer beschämend und demotivierend sein? Besser ist es, die Kommunikation positiv, humorvoll und geduldig zu gestalten.

Oder auch so: Das Handyverbot für Eltern wird auf einem Plakat am Eingang wie folgt formuliert: „Liebe Eltern, bitte verzichten Sie in der Klax Schule auf Ihr Smartphone! Wir bei Klax sind Technik-Fans und glauben, dass viel Segen in den neuen Geräten liegt. Doch den persönlichen Kontakt schätzen wir noch mehr. Bitte schonen Sie Ihr Smartphone, wenn Sie uns besuchen und zeigen sie den Schülern, wie man seiner Umgebung und seinen Mitmenschen volle Aufmerksamkeit schenkt. Vielen Dank!"

Damit dies gelingt, braucht es eine gute Beziehung zwischen all denen, die in der Kindergartengruppe oder Schulklasse zusammenleben. Diese muss mit viel Aufmerksamkeit und bewusst eingesetzten Methoden und Werkzeugen entwickelt werden.

Bewusst und verantwortungsvoll kommunizieren

Mit Sprache kann man viel erreichen, aber auch viel kaputt machen. Es kommt darauf an, welcher Ton und welche Worte gewählt werden.

Gute Kommunikationsfähigkeiten waren historisch betrachtet das Ergebnis einer guten Erziehung und Schulbildung. Der gesellschaftliche Wandel hat hier einiges verändert. Die vorwiegend anonyme Kommunikation über die Social Media Kanäle des Internets macht es Eltern und Pädagogen schwerer in der gewohnten Art auf den Nachwuchs einzuwirken. Die Verständigung per E-Mail schließt Mimik und Gestik aus und damit auch wesentliche Zugänge für Verständnis, Übereinkommen und Akzeptanz.

Mit Kommunikation wird aktuell viel Schaden angerichtet. Manche Menschen warten darauf, dass die Regierungen hier Gesetze zum Schutz der Bürger erlassen, aber dies wird vorerst nicht geschehen. Für ein demokratisches und friedliches Zusammenleben inklusiver Gesellschaften ist es notwendig Kommunikationsmechanismen genau zu verstehen und den verantwortlichen Umgang zu erlernen. Dies ist eine wesentliche Aufgabe für die Bildung und Erziehung der nachwachsenden Generation. Aktuell fehlt es an Methoden und Instrumenten für diesen Bildungsbereich. Diese zu entwickeln stellt die Herausforderung dar.

■■▮ REFLEXION UND FEEDBACK

Es schadet nie sich selbst zu kennen, zu wissen wie man tickt, was einem selbst guttut und wo die Triggerpunkte zu negativen Gefühlen liegen. Auf dem Weg zum verantwortungfähigen Mitbürger kommt niemand ohne Reflexionsfähigkeit aus.

In einer positiven Feedbackkultur lässt sich die Fähigkeit zur Selbst- und Fremdreflexion gut erlernen.

Der Lobetag in der Schule wird selten vergessen. Am Empfang liegen jede Menge kleine Lobzettel bereit, diese werden gerne mitgenommen, aus- gefüllt und an jemanden übergeben.

„Ich lobe den Hausmeister dafür, dass er unseren Schulhof sauber hält", hat ein Schüler aus der dritten Klasse geschrieben.

„Ich lobe Lisa, denn sie hat mir geholfen", schreibt eine Schülerin der fünften Klasse.

Der Schulleiter drückt einer Lehrerin einen Zettel in die Hand: „Ich lobe Frau Meisenstein, denn sie hat in der letzten Zeit viele Vertretungs- stunden übernommen. Danke dafür."

Die Mitarbeiterinnen der Schulkantine stecken lächelnd kleine Zettel in die Schürzen. Bei so manchem Lehrer und Erzieher sieht man kleine Zettel aus den Kalendern hervorlugen.

Der Lobetag ist immer ein Gute-Laune-Tag.

Das Lob ist eine Form von Feedback und wird leider viel zu selten ein- gesetzt. Uns Menschen fallen die Dinge, die nicht so gut laufen viel stärker auf, als die vielen guten Taten und gelungenen Vorhaben, die eine soziale Gemeinschaft ausmachen. Darüber sollten wir nachden- ken.

Mithilfe von Reflexionsgesprächen lässt sich einiges im Team ändern. Jeder kann seinen Kollegen offen mitteilen, was er gut fin- det und was geändert werden soll. Dazu braucht es Formate und geschützte Bereiche, die so etwas möglich machen. Durch die Leitung sollte die gegenseitige Reflexion im Team angeregt werden.

Sich und andere zu reflektieren, sich Feedback zu geben und daraus Kraft für Verbesserungen, Freude an der Arbeit und Teamzusammenhalt zu ziehen sind Fähigkeiten, die gute Teams auszeichnen.

Am Freitag trifft sich die Gruppe der „Minimäuse" zum Reflexionsgespräch. Die Erzieherinnen der Gruppe treffen sich noch kurz bevor sie ins Wochenende gehen, um die Woche zu reflektieren. Die wichtigste Frage lautet „Haben wir jedes Kind erreicht?" Heidi muss das heute verneinen. Sie hatte solche Schwierigkeiten mit Oskar im Morgenkreis. Er will einfach nicht mitmachen. Marie, die in dieser Woche Spätdienst hatte und zum Morgenkreis nicht da war, hat Oskar nur beim Spielen gesehen. Sie berichtet, dass er sehr vertieft mit LEGO gearbeitet hat und sein Bauwerk im Bauraum mit einer roten Hand – dem Zeichen, dass es unbedingt stehen bleiben soll – geschützt hat. Heidi hat eine Idee. Sie will Oskar bitten am Montag im Morgenkreis sein Bauwerk zu präsentieren. Am nächsten Freitag wird sie berichten, welche Erfahrung sie mit diesem Vorgehen gemacht hat.

Feedback und Reflexion sind wichtige Komponenten im pädagogischen Alltag. Trotzdem werden sie häufig vernachlässigt. Das Argument lautet „Keine Zeit!".

Dies sollte aber nicht gelten. Eine halbe Stunde Zeit um einen Tag oder eine Woche zu reflektieren sollte sich immer finden lassen. Der Nutzen für die Pädagogen und die Kinder ist sehr groß.

Reflexion

Die Reflexion ist eine Tätigkeit, in der bewusst eine Rückschau über eine Situation oder Handlung gehalten wird, um daraus zu lernen. In allen pädagogischen Settings ist Reflexion eine unverzichtbare Zutat zum Erfolg. Im Klax Fraktal wird Reflexion mit dem authentischen Erwachsenen verbunden, der ohne diese bewusst gesteuerte Rückschau auf sein eigenes Handeln und das Handeln anderer nicht qualitätsvoll arbeiten kann. Wer vom Gelingen überzeugt Bildungs- und Erziehungsprozesse begleitet, kommt ohne Reflexionsprozesse nicht aus.

Feedback

In einer funktionierenden sozialen Gemeinschaft gehört Feedback dazu. Feedback ist eine wichtige Zutat für die Regulation des Verhaltens und des Selbstwertgefühls der Mitglieder einer Gruppe. Bei Klax gibt es einige Formen von Feedbackformaten, die fest in den pädagogischen Alltag integriert sind:

Lobetag, SchuBs-Gespräche, Portfoliogespräche u. Ä. drücken aus, wie wichtig es für ein erfolgreiches Lernen miteinander ist, sich Feedback zu geben und Feedback zu erhalten.

■■■ LERNEN IN STABILEN BEZIEHUNGEN

Wer sich selbst kennt, hat die besten Voraussetzungen um seine Ziele zu erreichen. Es ist wichtig zu wissen, unter welchen Bedingungen man am besten lernen kann. Sich zu verdeutlichen wie welcher Lernerfolg zustande gekommen ist, liefert das Handwerkszeug, um nächste Herausforderungen zu meistern.

Da ist es wenig zielführend, dass in vielen pädagogischen Einrichtungen im Sommer das nächste Kindergarten- oder Schuljahr einfach losgeht. Man begrüßt sich, fragt sich gegenseitig nach den Ferienerlebnissen und schon sind alle wieder mitten im Alltag. Dazwischen befinden sich neue Kinder, Schüler und Pädagogen. Diese müsse irgendwie zurechtkommen. Der Beginn einer neuen pädagogischen Periode ohne ein Willkommensritual ist ein unverzeihlicher Fehler. In vielen Ländern beginnen Schul- und Kindergartenjahre daher mit einer Begegnungswoche oder einem Kennenlernmonat. In dieser Zeit findet kein Unterricht oder Angebot statt. Alles dreht sich um die Beziehung.

Die Begegnungszeit bildet einen Rahmen für jede Menge informelle Momente, in denen die Menschen sich näherkommen und Beziehungen entwickeln können. Der Grundstein für ein wertschätzendes Miteinander voller positiver Energie ist gelegt. Diesen Schatz zu schützen und weiterzuentwickeln ist eine zentrale Aufgabe im weiteren Jahresverlauf. Es zahlt sich aus, am Beginn des Kita- oder Schuljahres Zeit in die Beziehungsarbeit zu investieren. Die Diskussion über Unterrichtsstunden, die in dieser Zeit nicht stattfinden und womöglich später fehlen, kann man sich sparen. Sicher, es glauben immer noch viele Menschen, dass Lernen nur in Unterrichtsstunden stattfindet, wenn eine Lehrperson im Raum ist und etwas vorträgt. Eigentlich wissen wir es doch aber längst besser: Menschen lernen immer und überall, besonders gut jedoch, wenn sie emotional angebunden sind, sich sicher aufgehoben fühlen, herausgefordert werden, leidenschaftlich für ein Thema brennen und Lösungen präsentieren können, die aus dem eigenen Schatz an Erfahrungen und Kompetenzen entwickelt werden.

Wissenschaftler haben zu den Bedingungen von Lernerfolg viele Studien durchgeführt und Ergebnisse veröffentlicht, die belegen, dass die Reflexion über das eigene Lernen und stabile Beziehungen zu den wichtigsten Voraussetzungen gehören.[9] Aber helfen Studien wirklich dabei dieses Wissen zu verinnerlichen und Handlungen für den pädagogischen Alltag abzuleiten? Nein, denn ohne eigene Erfahrung geht es nicht. Horchen Sie in sich hinein und denken Sie an die eigene Kindergarten- und Schulzeit zurück. Was wissen Sie heute noch, und wann und vor allem in welcher Situation, mit welcher Person an der Seite haben sie das, was sie heute noch wissen gelernt? Lernen in Angebotsstunden und Unterrichtseinheiten zu zerteilen ist ein Hilfsmittel der pädagogischen Institutionen, die ihren Alltag strukturieren müssen. Das ist legitim. Daraus die Ableitung zu treffen, dass Kinder, Schüler, Jugendliche und Erwachsene nur dann lernen, wenn die Schulglocke geläutet hat und eine Lehrperson vor der Tafel steht ist falsch.

In Begegnungswochen, während Projektzeiten, auf Gruppenreisen, Ausflügen, in Pausen und Ausfallstunden wird intensiv gelernt und vielfältiges Wissen erworben. Eine weitere Voraussetzung für erfolgreiches Lernen ist die emotionale Anbindung an das Lernthema und das Lernsetting. Dies bedeutet, dass die Personen, mit denen man lernt, eine wichtige Rolle spielen. Dies müssen aber nicht zwangsläufig die Pädagogen sein, sondern besonders Freunde und Schulkameraden sind wichtig.

Mit diesen Erkenntnissen vor Augen muss der Fokus in pädagogischen Einrichtungen vom konsumorientierten Unterrichten auf die Entwicklung eines produktiven Miteinanders verschoben werden.

---

9   Vgl. Hattie, John: Lernen sichtbar machen für Lehrpersonen. Schneider Verlag, Hohengehren 2017.

Hierfür sind klare Ziele und vielfältige Werkzeuge und Methoden entscheidend, deren Entwicklung wiederum die Aufgabe der sozialen Gemeinschaft ist.

Die wichtigste Basis dafür ist eine stabile und produktive Beziehung der Menschen untereinander, die gedeihen kann, wenn Raum dafür ist, Zeit miteinander zu verbringen und voneinander zu lernen. Wenn die Menschen üben können, mit diesem Wissen respektvoll umzugehen, sich Feedback zu geben und sich gegenseitig zu loben. Wenn es Platz für jeden gibt, sich an der Entwicklung und dem Schutz der Strukturen, in denen die soziale Gemeinschaft lebt, zu beteiligen.

● ●

Die Geschichte der beschmierten Wände

Eines Tages war im Garderobenbereich der Grundschule eine Wand beschmiert worden. Nachdem dies entdeckt wurde und gleichzeitig auch noch festgestellt werden musste, dass ein Hakenkreuz unter den Schmierereien war, wurde der Schulleiter informiert. Die Schülervertretungen saßen um den Schulleiter herum und diskutierten aufgeregt, was jetzt zu tun sei. Der Schulleiter teilte mit, dass er aufgrund des Hakenkreuzes leider verpflichtet sei die Polizei einzuschalten. Damit waren die Kinder nicht einverstanden. Mit Polizei verbanden sie Ermittlungen und Gefängnis für den Täter, so wie sie es aus dem Fernsehen kannten. Sie waren der Meinung, dass derjenige, der die Wand beschmiert hatte, nicht ins Gefängnis sollte. Außerdem war ja noch gar nicht geklärt, wer es gewesen war. Sie fanden es nicht gut, die Polizei im Schulhaus ermitteln zu lassen und eine Sache zu klären, die sich sicherlich untereinander lösen ließ. Sie verabredeten, dass sie selber herausfinden würden, wer die Wand beschmiert hatte und für die Polizei eine Präsentation vorbereiten würden.

An dem Tag als ein Beamter des pädagogischen Dienstes der Polizei in die Schule kam, waren alle Klassen in der Aula versammelt. Der Beamte sprach zu den Schülern über Demokratie und den Schutz des Zusammenlebens in unserem Staat. Die Schüler baten darum ihre Präsentation zeigen zu dürfen.

Sie hatten aufgeschrieben, dass Kinder gerne Wände bemalen, auch wenn Erwachsene dagegen sind. Sie erklärten, dass im Wertegrund der Schule Sätze über respektvollen Umgang miteinander, Toleranz und Integration stehen würden und dass jeder in dieser Schule hinter diesen Sätzen stünde. Deshalb hatten sie entschieden nicht mitzuteilen, wer die Wand beschmiert hat, obwohl dies inzwischen bekannt war. Sie stellten eine Ideensammlung vor, in der Schüler aus allen Klassen aufgeschrieben hatten, was man tun könnte, damit so etwas nicht mehr vorkomme. Aus den vielen Ideen war eine ausgewählt worden, die in der Schule umgesetzt werden sollte. Der Hausmeister würde eine Wand in der Cafeteria weiß streichen. Ein Kasten mit Stiften würde an der Wand angebracht werden. Die Schule hätte dann ab sofort eine Kritzelwand, die allen zur Verfügung stünde. Da die Wand in der Cafeteria wäre, könnten alle sehen, was dort gekritzelt wird und gleich miteinander sprechen, wenn es mal wieder zu solchen Ausrutschern kommt.

• •

Die Geschichte zeigt, wie wichtig eine gute Beziehung für das Gelingen der sozialen Gemeinschaft ist. Schulleiter und Schüler vertrauen einander, die Lehrpersonen sind in dieses Vertrauen eingebunden. Schwierige Situationen können so in einem guten Einvernehmen gelöst werden. Maßnahmen zur Regulierung der sozialen Gemeinschaft stehen auf einer soliden Basis und sind so meistens von Erfolg gekrönt.

Es lohnt sich sehr viel Zeit und Energie in die soziale Gemeinschaft zu investieren, um die Basis für erfolgreiches Lernen zu schaffen.

Die soziale Gemeinschaft feiert sich selbst

Es ist wichtig, dass Freude, Lust, Spaß und vor allem Humor viel Raum in Kita und Schule gelassen wird. Dies lässt sich vor allem durch regelmäßige Feste betonen. Diese Feste sollten immer mehrere Komponenten haben: Zum einen sind sie ein Anlass, an dem alle Mitglieder der sozialen Gemeinschaft zusammenkommen können. Zum anderen präsentiert die Gemeinschaft eine besondere Leistung in Form einer Ausstellung, einer Theateraufführung, eines Marktes mit selbst produzierten Dingen oder Ähnliches. Darüber hinaus machen aber alle Mitglieder der sozialen Gemeinschaft deutlich, welche sozialen Kompetenzen sie erlernt und verinnerlicht haben.

Der Schulball

Die Schulgemeinschaft hat das erste Mal zu einem Ball eingeladen. Es wurde verabredet, dass alle Schüler, Eltern und Lehrer
besonders fein gekleidet erscheinen sollen, um auf eingeübte
Standardtänze zu tanzen.
Wie man es aus Filmen kennt, wurde ein Foto-Tor aufgebaut,
durch das alle Gäste schreiten und fotografiert werden. Zudem
muss jeder seinen Ballpartner auswählen. Die Kleiderordnung
schreibt vor, dass die Röcke der Damen mindestens über das Knie
gehen sollen und die Herren im Anzug mit Krawatte oder Fliege
erscheinen müssen. Ein edles Buffet wurde bestellt und ein Kul-
turprogramm einstudiert. In den Wochen vor dem Ball übten die
Schüler und Lehrer sich im Paartanz.
Endlich ist es soweit, der Abend des Schulballs ist gekommen.
Festlich gekleidete Kinder und Jugendliche drängen sich mit
ihren Eltern am Eingang der Schule. Die Eltern sind erstaunt
wie höflich und zuvorkommend die Schüler sich untereinander
begrüßen.

Es scheint auf den ersten Blick banal oder überdreht einen solchen
Ball in einer Schule zu veranstalten. Dabei geht es hier gar nicht
darum sich durch feine Kleidung von anderen abzuheben. Es geht
darum zu beweisen, dass die Schulgemeinschaft in der Lage ist, sich
selbst zu feiern und die im Alltag gelernten sozialen Kompetenzen
unter Beweis zu stellen. Höflichkeit, Hilfsbereitschaft, nette Unterhal-
tungen und die Fähigkeit sich einem Anlass entsprechend zu kleiden
– all dies muss bewusst gelernt werden.

2 Führungsarbeit für die soziale Gemeinschaft

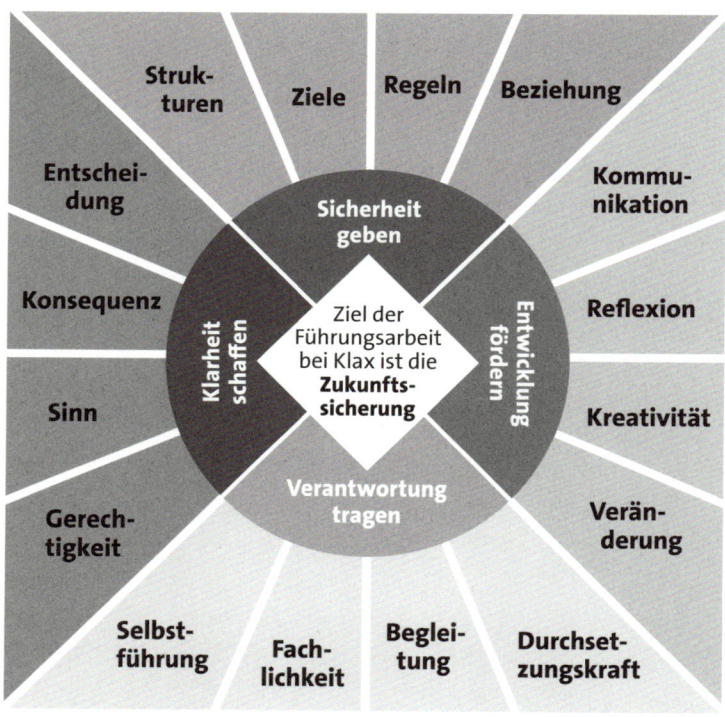

Strukturen · Ziele · Regeln · Beziehung

Entscheidung · Kommunikation

Konsequenz · Reflexion

Sinn · Kreativität

Gerechtigkeit · Veränderung

Selbstführung · Fachlichkeit · Begleitung · Durchsetzungskraft

Sicherheit geben

Klarheit schaffen

Entwicklung fördern

Verantwortung tragen

Ziel der Führungsarbeit bei Klax ist die **Zukunftssicherung**

■■■ ERFOLGREICHE FÜHRUNGSARBEIT

Bleiben wir bei den Mitgliedern der sozialen Gemeinschaft. Viele Entscheidungen, die pädagogische Fachkräfte, Eltern, Schüler oder Kinder betreffen, werden nach dem Gefühl entschieden. Und genauso emotional sind die Auswirkungen solcher Entscheidungen. Plötzlich gibt es Tumulte im Team oder unter der Elternschaft und keiner weiß genau, woher sie kommen. Es fällt auf, dass sich eine Mitarbeiterin immer wieder krankschreiben lässt. Die Stimmung in der Einrichtung ist merkwürdig und die Eltern werden unruhig. In solchen Situationen kennt oft niemand mehr genau die eigentlichen Ursachen, wodurch die zielgerichteten Handlungen ausbleiben. Die Leitung befürchtet, dass ihr das Team unter den Händen weggleitet. Auf die Qualität der pädagogischen Arbeit achtet niemand mehr.

Sehen wir uns die Situation am Beispiel der Mitarbeiter an. Ein Beispiel, welches sich auf alle anderen Akteure in der sozialen Gemeinschaft übertragen lässt.

Es ist entscheidend zu wissen, wie es den Mitarbeitern geht. Dazu reicht die bloße Frage in gemütlicher Kaffeerunde nicht aus. Hier ergibt sich nicht die Möglichkeit über komplexe Sachverhalte oder persönliche Probleme zu sprechen. Gibt es für Mitarbeiter allerdings keine anderen Formen der Meinungsäußerung, verzichtet die Leitung auf wichtige Kenntnisse zur Situation und Wahrnehmung der eigenen Mitarbeiter. Daher fehlen ihr die Mittel, um Situationen wie oben beschrieben zu durchschauen und zuverlässig zu lösen. Die Mitarbeiterzufriedenheit lässt sich an unterschiedlichsten Aspekten festmachen:

- Gerechtigkeit: Fühlen sich alle gleichermaßen gesehen und gerecht behandelt?
- Transparenz: Fühlen sich alle informiert und können die Mitarbeiter aus den Informationen Handlungen ableiten?

- Vertrauen: Haben die Mitarbeiter die Sicherheit, sich mit ihren Bedürfnissen und Anliegen an ihre Vorgesetzten wenden zu können?
- Aufstiegschancen: Wird meine Arbeit gesehen, wird sie belohnt und werden mir Entwicklungschancen eröffnet?
- Identifikation: Fühlen sich die Mitarbeiter mit den Einrichtungszielen verbunden? Stimmen Werte und Leitbild mit den persönlichen Vorstellungen überein?
- Zusammenarbeit im Team: Sind die Kollegen freundlich? Werde ich im Team akzeptiert und funktionieren die vereinbarten Routinen? [10]

Für uns ist die erfolgreiche Leitung einer pädagogischen Einrichtung einer der wichtigsten Erfolgsfaktoren für die Umsetzung einer pädagogischen Qualität, die den Kindern und Jugendlichen zugute kommt. Es gibt in diesem Feld viel zu tun. Das Leiten einer Einrichtung im sozialen Bereich ist eine Aufgabe, die viel Klarheit und persönliche Stärke erfordert. Dies allein reicht jedoch nicht. Es braucht eine gute Ausbildung zur Führungskraft. In solch einer Ausbildung muss es möglich sein, Führen zu üben, die Teilnehmer müssen sich Führungswerkzeuge aneignen können. Ohne diese Ausbildung sollte niemand für Führungspositionen zugelassen werden. Aus solch einer Ausbildung sollten stabile Beratungsgruppen hervorgehen, in denen sich die Teilnehmer regelmäßig treffen und gegenseitig beraten können.

---

10   Vgl. Bostelmann, Antje & Fink, Michael & Möllers, Gerrit: Gute Kita gemeinsam gestalten. Ein Buch über Qualität für Eltern und Erzieher. Bananenblau, Berlin 2015, S. 55.

■■■ ERMÖGLICHEN ALS FÜHRUNGSAUFGABE

Die Fähigkeit auf der Grundlage des Verständnisses von Schulen und Kindergärten als soziale Gemeinschaften Führungsarbeit zu leisten, ist Voraussetzung für den Erfolg der Führungsarbeit bei Klax.

Die Rolle der Führungskraft in pädagogischen Institutionen unterscheidet sich maßgeblich von der Rolle des Vorgesetzten. Führung ist etwas anderes als Management. Trotzdem sind Schulleiter und Kitaleiterinnen beides. Sie bewältigen jeden Tag wichtige Managementaufgaben, sind aber in erster Linie die Personen, die allen Angestellten ihrer Institution Anbindung, Motivation, Vertrauen und Sicherheit geben.

Unsere Führungskräfte haben das Bild des Führungsfraktals entwickelt. Um die vier Kernthemen Sicherheit, Klarheit, Entwicklung und Verantwortung herum wurden Begriffe sortiert, die die Aufgabe der Führungsperson beschreiben.

Sicherheit geben
Strukturen, Ziele, Regeln, Beziehung

Die soziale Gemeinschaft einer Bildungsinstitution braucht Sicherheit, da immer dort, wo Menschen sich sicher fühlen, Lernen und Entwicklung besonders gut möglich sind. Damit wird Sicherheit zu einem wesentlichen Faktor, der von der Führungskraft erzeugt und geschützt werden muss. Dies geschieht vor allem durch vereinbarte Ziele, sichere Strukturen, unterstützende Regeln und Beziehungen der Menschen untereinander.

Die Führungskraft handelt hier nicht allein als gebende Mutter oder allwissende Person, der es obliegt das System zu gestalten und zu schützen. In modernen Strukturen ermöglicht sie den Erfolg des gesamten Systems. Dabei geht es zuerst einmal darum Strukturen zu schaffen, die es den in der Institution zusammenarbeitenden Menschen ermöglichen, sich zurechtzufinden, Zugehörigkeit zu entwickeln, sowie Transparenz und Gerechtigkeit zu erleben. Als wichtige Aufgabe der Führungsarbeit verstehen wir die Vereinbarung von Regeln, die den Zielen der Gemeinschaft zuträglich sind und die Motivation im Team zu schaffen, diese Regeln zu schützen.

Die Einhaltung und Durchsetzung von Strukturen und Regeln sollte nicht von einzelnen Personen abhängig und damit willkürlich oder irrtumsanfällig sein – ganz gleich, ob diese Personen nun mit charismatischer Überzeugungskraft oder mit strenger Autorität auftreten.

Klare Strukturen und Regeln stellen sicher, dass auch bei Krankheit, Urlaub, Weiterbildungsmaßnahmen, unvorhergesehenen Planungsänderungen oder dem üblichen Stress die festgelegten pädagogischen Angebote und Projekte stattfinden können. Wie ein Kompass leiten Strukturen und Regeln durch die Unwägbarkeiten des Alltags – sie tragen dazu bei, dass pädagogische Fachkräfte ihren eigenen Weg im Tagesgeschäft finden können. Dies sollte der Anspruch einer modernen Pädagogik sein.

Klarheit schaffen
Entscheidung, Konsequenz, Sinn, Gerechtigkeit

Klarheit ist das wirksamste Führungsinstrument. Jeder Mensch braucht Klarheit in seinem Leben, muss wissen, worum es geht, woran er ist und was auf ihn zukommt. Leider ist vieles in institutionellen Strukturen nicht so klar. Das kann an zu komplexen Kommunikationsstrukturen liegen oder auch daran, dass die Gemeinschaft vor lauter Alltag vergisst, sich die Ziele und den Sinn ihres Daseins klarzumachen. Klarheit stellt sich dann ein, wenn Entscheidungen gut begründet kommuniziert werden und es die Möglichkeit für Gespräche und Rückfragen gibt. Klarheit entsteht, wenn die Schlüsselpersonen einer sozialen Gemeinschaft in ihren Handlungen klar sind. Kommunikation geschieht nicht allein über Sprache. Wir kommunizieren über Bilder, Körperhaltungen, Verhalten, Stimmlagen und Handlungen. Es sollte in der sozialen Gemeinschaft immer wieder darüber gesprochen werden, ob sich alle dieser Tatsachen bewusst sind. Das Thema „Konsequenzen" macht die Sache noch deutlicher. Konsequentes Handeln verdeutlicht Strukturen und erklärt Regeln.

Beispiel: Im Kindergarten gibt es die Regel, dass kein Mitarbeiter in der pädagogischen Kernzeit freinehmen darf. Diese Regel wurde geschaffen, um die Kollegen vor Überlastung zu schützen. Denn geht eine Kollegin um 10:00 Uhr zum Friseur, weil ihr Stundenkonto das zulässt, müssen andere Kollegen für sie einspringen. Diese haben aber ihre eigenen Gruppen, um die sie sich kümmern müssen. Für die Kinder würde dieser kurze Ausfall zwischendurch viel Chaos, emotionale Belastung und Irritation bedeuten. Um das alles zu verhindern, hat die Gemeinschaft entschieden diese Regel einzuführen.

Die Leitung der Kita wird nun mit dieser Situation konfrontiert. Eine Mitarbeiterin sitzt weinend vor ihr und erklärt, dass sie ganz dringend kurz weg muss, da ihre Nachbarin die Treppe heruntergefallen sei und sie sich um sie kümmern wolle. Die Mitarbeiterin hofft auf eine Ausnahme von der Regel. Für die Leitung eine Dilemmasituation.

Hier ist es wichtig außerhalb jeder persönlichen Beziehung und der auf dem Tisch liegenden persönlichen Probleme zu entscheiden. Das Ziel der Führung ist und bleibt die Zukunftssicherung der Organisation. Sie muss also die Mitarbeiterin auffordern sich um ihre Gruppe zu kümmern. Auch wenn weitere Teammitglieder für die Kollegin Partei ergreifen und sich bereiterklären, den Dienst zu übernehmen. Im Sinne von Klarheit und Gerechtigkeit ist es unbedingt notwendig die dienstlichen Belange in den Vordergrund zu stellen.

Das klingt brutal, ist aber richtig. Überlegen Sie einmal selbst: Wenn die Kollegin gehen darf, kommuniziert die Leitung, dass es im Falle einer Nachbarschaftshilfe andere Regeln gäbe. Das nächste Mal möchte jemand mit seinem Kind zum Arzt, weil es keine Termine außerhalb der Kernzeit gegeben hat. Wie soll die Leitung jetzt entscheiden? Wenn man im Team für die Nachbarin die Regel brechen darf, dann doch wohl erst recht für das eigene Kind, oder? Sagt die Leitung jetzt konsequent nein, wird sich das Problem in eine andere Richtung wenden. Die Mitarbeiterin mit dem Kind wird glauben, dass die Leitung sie nicht leiden kann und die Mitarbeiterin mit der Nachbarin bevorzugt.

Eine kleine Ausnahme aus Mitgefühl bringt die Leitung in eine schwierige Situation. Leitungspersonen müssen sich davor schützen und in jeder Situation die Belange der Organisation, der Kita, der Schule, des Betriebes zur Grundlage machen. Entscheidungen auf der Grundlage persönlicher Geschichten sind tabu. Dass dies nicht leicht ist und viel Durchsetzungsvermögen, Selbstreflexion und Kraft kostet ist uns bewusst.

Alle gleich behandeln

Eine Erzieherin möchte bei der Leitung erwirken, dass sie niemals zum Spätdienst eingeteilt wird. Die Leitung hat Mitleid, da die Kollegin ein kleines Kind hat. Sie lässt sich auf diese Regelung ein. Als die anderen Kollegen dies mitbekommen, wird es unruhig im Team. Die Kollegen verweigern den Spätdienst. Die Leitung teilt sich selbst ein.

Eine Mitarbeiterin erscheint nicht zur Arbeit. Die Leitung will keine schlechte Stimmung im Team und wertet den Vorfall nicht aus. Die anderen Mitarbeiter warten darauf, dass die Leitung etwas unternimmt und beobachten die Situation. Als eine Woche lang nichts passiert, beginnt eine Ungerechtigkeitsdiskussion im Team. Dies dreht sich um die Lieblingskollegin der Leitung, die trotzdem Geld bekommt, auch wenn sie nicht zur Arbeit erscheint.

Entwicklung fördern
Kommunikation, Veränderung, Reflexion, Kreativität

Niemand kann alleine erfolgreich sein. Menschen brauchen soziale Beziehungen, ein Gegenüber um Ziele zu erreichen, sich zu entwickeln und zufrieden zu leben. Aus diesem Grund ist eine der wichtigsten Führungsaufgaben die Entwicklung von Menschen. Diese Aufgabe ist nicht allein mit Entwicklungsgesprächen und Maßnahmeplänen zu erfüllen. Wer Entwicklung zulassen will, muss vertrauen können; muss in der Lage sein mit unterschiedlichsten Charakteren umzugehen, diese zu integrieren und zu fördern. Entwicklung braucht Platz für individuelle Kreativität einzelner Mitglieder der Gemeinschaft. Gesteuert wird dies über die Vermittlung eines gemeinschaftlich getragenen Sinns.

Ein Beispiel: Die Schule sieht sich mit vielen Flüchtlingskindern konfrontiert, die von den staatlichen Behörden in die Schule vermittelt werden. Dies ist eine Herausforderung für die gesamte Schulgemeinschaft, die nach eigener Wahrnehmung schon genug mit ihren alltäglichen Problemen zu tun hat. Das Leitungsteam steht plötzlich vor der Aufgabe eine große Veränderung zu managen. In einer solchen Situation ist es von Vorteil, dass die soziale Gemeinschaft durch viele gelebte Rituale gut aufeinander eingestimmt ist. In der Begegnungswoche sind Eltern, Schüler und Lehrpersonen einander nahegekommen. In den großzügig in den Wochen eingeplanten Gesprächszeiten wie Morgenkreis, Abschlusskreis und freitäglicher Wochenreflexion gibt es ausreichend Raum für Gruppenhygiene. Die Eltern sind in diese Systeme eingebunden. Sie stehen im Austausch mit den Tutoren und der Schulleitung, treffen sich in der Cafeteria und regelmäßig mit ihren Vertretungen. Die Aufnahme der Flüchtlingskinder wird in allen Gremien besprochen. Die Schulleitung hat um Ideen gebeten und darum, dass diese überall im Schulsystem diskutiert werden. Man einigt sich auf ein Ziel: „Kein Kind soll sich bei uns fremd fühlen. Jeder ist eingeladen, Mitglied unserer Gemeinschaft zu sein." Nun wird festgelegt, woran man erkennen kann wie dieses Ziel erreicht werden kann und welche Regeln es braucht um das Ziel zu erklimmen. Alle drei Dinge – Ziel, Indikatoren und Regeln – werden in jedem Klassenraum, im Eingang in der Cafeteria und in den Fluren ausgehangen. In allen Gremien steht die Reflexion des Ziels auf der Tagesordnung. Mit den Methoden der Reflexion und dem Schaffen von Sinn über ein gemeinsames Ziel, hat die Schulleitung gute Werkzeuge zur Bewältigung dieser großen Veränderung in die Hand genommen. Jetzt kommt es darauf an dranzubleiben und die Gemeinschaft zusammenzuhalten. Dafür sind Strukturen schon immer nötig gewesen.

Verantwortung tragen
Selbstführung, Fachlichkeit, Begleitung, Durchsetzungskraft

Jeder Mensch trägt Verantwortung. In Führungssettings ist diese Verantwortung auf das Erreichen der Ziele der Organisation ausgerichtet. Das bedeutet, dass Führungskräfte vor komplexen Aufgaben stehen und sich in einem Alltag behaupten müssen, der ihnen einiges abverlangt.

Daher ist es für eine Führungskraft unerlässlich mit dem nötigen Fachwissen ausgerüstet in die Führungsarbeit zu gehen. Führungskompetenzen allein reichen nicht aus, um im pädagogischen Bereich die Verantwortung zu tragen.

Gerade im pädagogischen Alltag braucht es Durchsetzungskraft und die Fähigkeit zur Selbstführung, um bestehen zu können.

Im pädagogischen Alltag setzen wir voraus, dass Fachkräfte gegenüber Kindern in der Position eines Begleiters auftreten. Dieses Selbstverständnis als Begleiter ist auch bei Führungskräften gegenüber ihren Mitarbeitern besonders wichtig. Erfolgreiche Führungskräfte schaffen die Rahmenbedingungen und Strukturen, damit ihre Mitarbeiter selbstständig erfolgreich arbeiten können.

Bei allen Entscheidungen einer Führungskraft ist es wichtig, diese mit einer gewissen emotionalen und zeitlichen Distanz zu treffen. Entscheidungen im Affekt müssen oft kurz danach wieder zurückgenommen werden. Gleichzeitig fällt es deutlich schwerer gerechte Entscheidungen zu treffen, wenn man mit einigen des Teams enger befreundet ist. Bei jeder Handlung ist es aber auch wichtig zu sich selbst eine gewisse Distanz einnehmen zu können und die eigenen Handlungsroutinen zu hinterfragen.

Pädagogen haben das einzelne Kind im Blick. Das ist wichtig und erschwert gleichzeitig den Blick auf das große Ganze. Allein sich dessen bewusst zu sein, kann die Pädagogen vor emotional geleiteten Fehlentscheidungen schützen. Daher sollten Leitungskräfte dies häufig thematisieren und durch Fehlentscheidungen entstandene Regelbrüche immer wieder im Team reflektieren.

In pädagogischen Institutionen geht es um die Gestaltung emotionaler Beziehungen. Aus diesem Grund werden Entscheidungen häufig auf der Basis von Gefühlen getroffen. Dies kann zur Falle werden, die in Kombination mit pädagogischem Tatendrang zu Konflikten führen kann.

Einige Beispiele: Im Kindergarten melden sich die Eltern über ein Terminal an. Ein Elternteil ist spät dran und die Erzieherin erklärt sich bereit, die Anmeldung für das Elternteil zu erledigen. Am Monatsende, als die Betreuungszeiten abgerechnet werden, stellen die Eltern die Rechnung infrage, weil die Erzieherin in ihren Augen falsche Zeiten eingetragen hat.

Arbeiten im Sandwich

Die meisten Kindereinrichtungen sind in größere Trägerorganisationen eingebunden. Das bedeutet, dass die Leitung einen Vorgesetzten aus dem Träger über sich hat und gleichzeitig für eine Gruppe von Mitarbeitern zuständig ist. Diese Einordnung ist ein System und wird auch Sandwich-Position genannt. Die Leitung wirkt also zwischen zwei Kräften, die auf ihre Führungsarbeit einwirken. Darüber hinaus muss sie auch mit Eltern umgehen. Die besondere Aufgabe von Kindereinrichtungen, die darin besteht Kinder zu betreuen und dabei eine staatlich vorgegebene Aufgabe und die daraus resultierenden Qualitätsvorgaben und Standards zu erfüllen und gleichzeitig den Wünschen und Anforderungen von Eltern zu genügen, führen zu einer Erhöhung der Komplexität. Zusätzlich müssen die Eltern mit allen Teilen des Organisationsgefüges kommunizieren. Sie übergeben ihr Kind an die Erzieherin, also an eine Mitarbeiterin und stehen mit dieser in engem Kontakt. Stört Eltern etwas, wenden sie sich nicht selten direkt an den Träger. Die Leiterin steht in solchen Situationen zwischen mehreren Parteien. Dies erschwert die Leitungsaufgabe in Kindereinrichtungen erheblich.

■■■ DIE SPEZIFISCHE FÜHRUNGSKULTUR IN PÄDAGOGISCHEN EINRICHTUNGEN

In pädagogischen Institutionen herrscht eine besondere Führungs-kultur. Wir nennen diese Kultur den „emotional geprägten Führungs-stil". Dieser zeichnet sich durch folgende vier Elemente aus:

a) Emotionale Verbundenheit
b) Das Bedürfnis des Kümmerns
c) Informelle Strukturen
d) Verschweigen von Auseinandersetzungen

Das emotional geprägte Arbeitsumfeld von Pädagogen[11]

Kindergärten und Schulen verbreiten ein besonderes Flair. Das mag vor allem an ihrem altruistischen Ursprung liegen. Sich um andere zu kümmern, für sie da zu sein und alles dafür zu tun, dass es Kindern, Jugendlichen und Eltern gut geht, bestimmt den Habitus der Ein-richtungen. Dieser Ursprung hat einen charakteristischen Arbeitsstil erzeugt, der in seiner Bedeutung für die Mitarbeiter bisher noch völlig verkannt wird. In Anlehnung an eine spannende Vergleichsarbeit von Hard und Jónsdóttir (2013)[12] lassen sich die folgenden vier Dimensio-nen des emotional geprägten Führungsstils beschreiben:

a) Emotionale Verbundenheit: Wer gehört dazu, wer nicht?
Die Basis der täglichen Arbeit in Pädagogenteams wird von diesen als liebevoll, freundlich und offen beschrieben – Arbeit unter Freunden. Dies führt auf der einen Seite zu einer hohen Verbundenheit im Team, auf der anderen Seite werden übliche Handlungs- und Führungsele-

---

11 Vgl. Bostelmann, Antje & Fink, Michael & Möllers, Gerrit: Gute Kita gemeinsam gestalten. Ein Buch über Qualität für Eltern und Erzieher. Bananenblau, Berlin 2015, S. 36 ff.
12 Hard, Louise & Jónsdóttir, Arna H.: Leadership is not a dirty word. In: Exploring and embracing leadership in ECEC. European Early Childhood Education Research Journal, Volume 21. 2013.

mente einer professionellen Zusammenarbeit erschwert. Die emotionale Verbundenheit am Arbeitsplatz fordert ein hohes Maß an Anpassung und Konformität von allen Mitarbeitern.

Der Teamzusammenhalt ist damit ein Hauptgrund für die Zufriedenheit von Mitarbeitern. Funktioniert dieser, geht man gemeinsam durch Dick und Dünn – gibt es allerdings Schwierigkeiten oder sind einzelne Mitarbeiter nicht wirklich im Team integriert, werden sie sehr schnell unglücklich und verlieren die Lust an ihrer Arbeit. Daneben gibt es natürlich noch weitere Punkte, die die Zufriedenheit von Mitarbeitern beeinflussen: Die Tätigkeit an sich, die Bezahlung, die materiellen Bedingungen in der Einrichtung etc. Wenn das Teamgefüge allerdings gestört ist, werden auch die beste Bezahlung, die schönste Ausstattung und die umfangreichsten Sozialleistungen für keinen Pädagogen als Ausgleich herhalten können.

Zudem nutzen Leitungen häufig grundlegende Elemente der Alltagssteuerung – wie den Dienstplan – als Mittel, um Zugehörigkeit zu gewähren oder zu entziehen. So kann es passieren, dass die oder derjenige, welche gerade im Team nicht so gut angesehen ist, dauerhaft zum Spätdienst eingesetzt wird. Dies macht deutlich, dass die Stellung im Team einer der wichtigsten Punkte für das Wohlbefinden jedes Einzelnen ist. Gute Leitungen bekämpfen informelle Strukturen und sorgen für Gerechtigkeit in der Teamkultur.

Es ist auf den ersten Blick positiv in einem Team zu arbeiten, dass durch Freundschaft und starken Zusammenhalt geprägt ist. Funktionieren werden diese Teams aber meist nur kurzzeitig, da professionelle Routinen und verlässliche Absprachen eine prozessorientierte Arbeitskultur benötigen und nicht personenabhängig sein dürfen. Risikoreich kann eine Vermischung aus Privat- und Berufsleben werden, wenn für die Einrichtungsleitung schwierige Themen zu vertreten oder Entscheidungen zu treffen sind. Oft wird das emotionale Umfeld auch auf die Eltern und die Schüler übertragen. Man duzt sich und ist auch über die normalen Arbeitszeiten hinaus füreinander erreichbar. Eine starke Leitung sorgt deshalb für eine gute Teamkultur, die auf der Fachlichkeit der Mitarbeiter aufbaut und nicht auf ihrer persönlichen Bindung. Gute Beziehungen untereinander brauchen eine professionelle Distanz, die nur durch intensive Selbstführung und Reflexionsarbeit entstehen kann.

b) Bedürfnis des Kümmerns: Wie sage ich auch mal „Nein"?

Das Arbeiten im Bereich der frühkindlichen und schulischen Bildung ist den meisten Pädagogen ein persönliches Anliegen und mehr als ein Beruf. Sie kümmern sich gerne um die ihnen anvertrauten Kinder und Jugendlichen und setzen sich mit vollem Einsatz für einen funktionierenden Alltag ein. Dabei schaffen sie es, mit kleinen Budgets und geringem Personalschlüssel spannende und vielseitige pädagogische Angebote zu organisieren. Oft bleiben Erzieherinnen und Lehrer über ihre vertragliche Arbeitszeit hinaus in den Einrichtungen, organisieren bei Materialmangel Spenden von umliegenden Geschäften oder finden helfende Hände, wenn etwas repariert werden muss. In vielen Fällen sind es die pädagogischen Mitarbeiter, die es schaffen Einrichtungen zu erhalten, die ohne ihr Engagement schon lange hätten aufgeben müssen.

Dieser Habitus des Kümmerns hat verschiedene Auswirkungen: Zunächst müssen alle Mitarbeiter daran teilnehmen. Das Team ist darauf angewiesen, dass sich alle gleichwertig engagieren. Würde sich ein Mitarbeiter daran nicht beteiligen und kein Engagement zeigen, würde er aus dem Team ausgestoßen. Anspruch des Habitus des Kümmerns ist es dabei nicht unbedingt, die beste Lösung zu erreichen oder den effizientesten Weg zur Lösung zu finden. Vielmehr geht es darum, dass alle Teammitglieder im Rahmen ihrer persönlichen Ziele und Möglichkeiten beteiligt werden. Dies kann entweder durch die Übernahme einer bestimmten Aufgabe, oder zumindest durch die Anwesenheit erfolgen: „Sie hat sich so viel Mühe gegeben". Persönliche Problemlagen und Hinderungsgründe werden dabei immer berücksichtigt, was leicht dazu führen kann, dass die eigentliche Zielstellung in den Hintergrund gerät.

Wo liegt aber die Grenze dieses Engagements? Wo wird aus einem zusätzlichen Kümmern ein Aufopfern? Viele Pädagogen berichten über ihre Erschöpfung durch lange und arbeitsreiche Tage. Die Burnoutrate in Kindergärten und Schulen ist hoch. Das Gefühl und die Äußerung dieser Erschöpfung und die daraus entstehende Anerkennung bilden die Motivation für den weiteren Einsatz. Wenn Erzieherinnen oder Lehrer auch außerhalb der Arbeitszeiten zum Beispiel für Eltern erreichbar sind, ist dies natürlich auf der einen Seite ein hilfreicher Einsatz – auf der anderen Seite werden die Grenzen von Privatleben und Beruf aber immer durchlässiger und die Gefahr der tatsächlichen Erschöpfung immer größer.

c) Informelle Strukturen und Druck im Team

Hard und Jónsdóttir beschreiben spezielle Mechanismen in Teams sozialer Berufe, mit denen die Meinung der Gruppe in einem bestimmten Sinne beeinflusst wird. Neben den offiziellen Hierarchien und Vorgaben existieren informelle Strukturen, welche die offiziellen Regelungen unterlaufen. Von allen Mitgliedern der Gruppe wird erwartet, dass sie diese informellen Regeln leben und für ihre Durchsetzung sorgen. Über die Vergabe bzw. den Entzug von Zugehörigkeit zum Team wird gewünschtes Verhalten belohnt bzw. konträres Verhalten bestraft. Im Grunde lassen sich solche Vorgänge in allen Gruppen finden.

Ein Team erwartet, dass man die vorhandenen Regeln annimmt und einhält. Dafür erfährt man Zusammenhalt und Unterstützung – man wird Teil der Gruppe. Neben oft klar festgelegten Regeln bestehen in Teams immer auch informelle Absprachen, die gelten, ohne dass sie wirklich beschlossen wurden. Der Wunsch nach Gemeinsamkeit innerhalb der Gruppe führt bis zu einem gewissen Grad zur Aufnahme und Ausgleich individueller Unterschiede. Sticht jedoch einer zu sehr aus der Gruppe heraus, egal ob positiv oder negativ, wird die Gruppe ihn zur eigenen Stabilisierung ausschließen.

Wie kann Führung und Leitung unter diesen Umständen funktionieren? Klassische Anweisungen stellen die Leitung aus der Gruppe des Teams heraus. Für gestandene Leitungen ist dies oft kein Problem – gerade jungen und neuen Leitungen fällt es aber oft schwer. Ganz besonders herausfordernd ist es daher, eine Leitungsposition in dem Team einzunehmen, indem man vorher schon im System gearbeitet hat.

Da die „Währung" im Team die Zugehörigkeit und Verbundenheit ist, kann der Ausschluss aus der Gruppe oder die Angst davor einzelne Mitarbeiter dazu bringen, weit über die eigenen Grenzen zu gehen, um sich anzupassen.

Ein Beispiel: Gemeinsam werden alle Aufgaben erledigt und der Kindergarten als schöner Spiel- und Lernort für die Kinder profitiert davon. Passiert etwas Außergewöhnliches, kann von allen erwartet werden in diesem Fall mehr mit anzupacken. Kommt es allerdings regelmäßig dazu, sollte überlegt werden, wie die Arbeit in der normalen Zeit besser und effizienter gestaltet werden kann, damit alle pünktlich gehen können.

Oft liegt die Ursache für die Ausdehnung der Arbeitszeit im emotionalen Arbeitsstil. Geht man der Sache nach, würde man wahrscheinlich feststellen, dass die Mehrarbeit dadurch erzeugt wird, dass einige Mitarbeiter im Alltag ihre Arbeitspflichten nicht vollständig erfüllen. Gerade diese Mitarbeiter stehen oftmals der Leitung sehr nahe, weshalb es der Leitung unmöglich ist, diese zur Erfüllung ihrer Arbeitsaufgaben zu verpflichten. Das bedeutet, dass die Leitung im Prinzip ihrer Führungsrolle nicht mehr gerecht werden kann und informelle Leitungsstrukturen die Geschicke der Kita oder Schule bestimmen. Ein solcher Prozess kann sich leicht verselbstständigen und am Ende Teamkonflikte erzeugen, die professionelle Qualitätsarbeit vollständig unmöglich machen.

Die gleichen Mechanismen führen dazu, dass Mitarbeiter, die besonderen Einfluss auf das Team haben, die Geschicke einzelner Mitarbeiter bestimmen, was im Extremfall zu Mobbing führen kann.

d) Verschweigen von Auseinandersetzungen

Schwierige oder kontroverse Themen, insbesondere wenn sie sich auf das Team beziehen, werden nicht vor allen angesprochen, Auseinandersetzungen nicht offen geführt. Oft erfahren Einrichtungsleitungen durch einzelne Mitarbeiterinnen von Beschwerden und Unstimmigkeiten im Team und erleben dann, wenn diese Themen offen auf einer Dienstberatung angesprochen werden, dass keiner mehr das Problem sieht und auch niemand etwas dazu sagen möchte. Offene Diskussionen im Team können deshalb so schwer geführt werden, da professionelle Kritik am Verhalten einzelner oft mit emotionaler Zurückweisung gleichgesetzt wird. Tatsächliches und scheinbares Fehlverhalten wird stillschweigend innerhalb der Gruppe – oft durch langjährige und fest im Team verankerte Mitarbeiter – gerügt, ohne dass die Leitung im ersten Moment davon etwas mitbekommt.

Es ist für Leitungen oft schwer, kontroverse Themen – egal ob sie aus dem Team kommen oder durch den Träger in das Team eingebracht werden – vor der Gruppe anzusprechen und dazu Stellung zu beziehen. Positionen gegen das Team durchzusetzen, erfordert Ausdauer und ein „dickes Fell", insbesondere in einem Umfeld, dass durch Nähe und Zugehörigkeit gekennzeichnet ist. Daher berichten Leitungen oft davon, dass sie versuchen, angeforderte Veränderungen aus Angst vor ihrem Team auszusitzen oder diese Veränderungen indirekt – sozusagen durch die Hintertür – einzuführen. Ohne eine sinnvolle Unterstützung kann dies sogar dazu führen, dass Team und Leitung vor Trägervertretern oder anderen Externen ein anderes, ein gefordertes Bild präsentieren, anstatt Entwicklungen tatsächlich umzusetzen. Es wird gezeigt, was erwartet wird und das Team hält zusammen.

Warum etwas ändern, was gut funktioniert?

Die beschriebenen Punkte lassen sich natürlich nicht nur in Kindergärten und Schulen finden, sondern in vielen Einrichtungen im sozialen Bereich und darüber hinaus. Wir möchten auch ganz explizit darauf hinweisen, dass diese Punkte nicht generell als negativ zu verstehen sind, sondern als Versuch der Beschreibung von Arbeitsroutinen im Bereich der frühkindlichen Bildung. Sie beschreiben Funktionsweisen, die offensichtlich sehr erfolgreich sind, denn immerhin haben sie sich über Jahrzehnte bewährt.

Die Fürsorge für andere Menschen bringt ganz bestimmte Personen zusammen, die in ihrer Tätigkeit mehr als einen Beruf sehen und ihr Leben in diesem Bereich verbringen möchten. Es ist das Engagement dieser pädagogischen Fachkräfte, das das System über Jahre stabilisiert und aufrecht gehalten hat. Das System, gekennzeichnet von chronischer Unterfinanzierung, das ohne den persönlichen Einsatz der Akteure deutlich weniger für die ihm anvertrauten Kinder und Jugendlichen erreicht hätte. Es sind die Menschen, die in den Einrichtungen arbeiten, die durch ihr Engagement und ihren persönlichen Einsatz eine Orientierungs- und Beziehungsqualität aufbauen, die die Mängel in der Strukturqualität von Kindergärten und Schulen ausgleichen konnten und immer noch können.

Träger und Leitungen müssen sich dieser Stolpersteine bewusst sein, offen darüber reflektieren und im täglichen Handeln darauf achten, dass sie diesen aus dem Weg gehen. Das Ziel ist und bleibt eine moderne soziale Gemeinschaft zu gestalten, die die Fähigkeit hat, jeden zu integrieren und sich selbst zu entwickeln, in der Führungskräfte nicht zu Vorgesetzten degradiert werden und sich neben dem Managen einer pädagogischen Einrichtung im Sinne von Leadership entwickeln können.

3 Strukturen der sozialen Gemeinschaft

Die soziale Gemeinschaft braucht eine Grundstruktur, die Organisationsabläufe möglich macht. Die gesamte Organisation muss in kleinere Einheiten aufgeteilt werden. Dies reduziert die Komplexität und erhöht die Übersichtlichkeit. Dies ist die Grundvoraussetzung für die Sicherstellung qualitativ hochwertiger Arbeit in der pädagogischen Einrichtung.

Im Folgenden stellen wir einige wichtige Strukturen der sozialen Gemeinschaft bei Klax vor. In den Klax Einrichtungen wird grundsätzlich teiloffen gearbeitet, da wir davon überzeugt sind, dass dies die Selbstständigkeit und die Verantwortungsübernahme der Kinder und Schüler fördert.

Vorteile des teiloffenen Arbeitens

- Schon junge Kinder ab dem dritten Lebensjahr erfahren Selbstständigkeit und Selbstbestimmung. Diese Möglichkeit wird in der Schule fortgesetzt.
- Kinder und Schüler übernehmen Verantwortung für ihren eigenen Tagesablauf.
- Die Möglichkeiten sich zu betätigen ist auf eine Vielzahl an Räumen und fachlichen Funktionen ausgelegt.
- Die Möglichkeit sich selbst mit unterschiedlichen Personen, ihren verschiedenen Persönlichkeiten und ihrem Fachwissen auseinanderzusetzen ist in der teiloffenen Arbeit groß.
- Die Kinder und Schüler lernen Verantwortung für Räume und Materialien zu übernehmen und üben die aufgrund des Raumbezugs unterschiedlichen Regeln einzuhalten. Piktogramme und Aufräumbilder helfen dabei.

Lernfamilien

Eine soziale Gemeinschaft schließt alle ein, die in einer Institution zusammen leben und arbeiten. Genau deshalb haben wir uns für den Begriff „Lernfamilie" entschieden. Dies betont die Wichtigkeit der sozialen Beziehungen, die eine Grundlage für eine gute Lernatmosphäre bilden. Zu einer Lernfamilie gehören Kinder, pädagogische Fachkräfte und Eltern, aber selbstverständlich auch Küchenkräfte und Hausmeister.

Teiloffenes Arbeiten im Kindergarten

In unseren Kindergärten setzen wir auf teiloffenes Arbeiten. Wir betrachten den gesamten Kindergarten als Lernfamilie: Kinder, Eltern, pädagogisches und technisches Personal sowie die Leitung gehören zusammen. Aus diesem Grund bevorzugen wir Kindergärten mit 50-80 Plätzen. Dies ist eine Größe, die ökonomisch vertretbar ist und gleichzeitig eine lebendige soziale Gemeinschaft möglich macht.

Innerhalb der Lernfamilie werden Bezugsgruppen gebildet, die 15 bis 22 Kinder umfassen. Hier treffen die Kinder zum Morgen- und Abschlusskreis, zu den Mahlzeiten und den Angeboten zusammen. Bei Spielphasen und offenen Bildungsangeboten mischen sich die Kinder unabhängig von Gruppe und Alter.

Das teiloffene Arbeiten ermöglicht es den Kindern, von- und miteinander zu lernen, Wissen auszutauschen und die Übernahme von Verantwortung für sich selbst und andere zu übernehmen. Es ist wichtig zu überblicken, welche Angebote jeder Lernende wahrnimmt und wo eine gezielte Förderung angebracht ist.

Teiloffenes Arbeiten in der Schule

In der Schule wird nach dem gleichen Prinzip gearbeitet. Maximal vier Klassen mit je 25 Schülern bilden gemeinsam mit den Lehrpersonen und Eltern eine Lernfamilie. Im Tagesablauf gibt es Phasen, in denen die Schüler sich im Klassenverband treffen und Zeiträume, in denen sie sich mit Schülern aus anderen Klassen und Altersstufen mischen.

Morgenkreis, Abschlusskreis, die Mahlzeiten und die Ankommenszeit werden immer klassenbezogen durchgeführt. Instruktionen finden vorwiegend klassenbezogen statt, Lerntheken, Überzeiten und Klubs[13] sind offene Phasen des Tages.

---

13 Hierbei handelt es sich um das Nachmittagskursprogramm der Klax Schule.

Bezugsgruppen oder Klassensystem

Neben den offenen Lernphasen legen wir besonderen Wert auf festgelegte Bezugsgruppenzeiten. Denn es entspricht dem Bedürfnis
vieler Kinder, einer überschaubaren Gruppe anzugehören, dort bevorzugt Freundschaften zu knüpfen und eine Art „Heimat" im Kita- oder
Schulalltag vorzufinden. Aus diesem Grund bilden wir in jeder Lernfamilie mehrere Bezugsgruppen.

Die Bezugsgruppen sind nach Altersgruppen zusammengesetzt,
damit die Kinder einen besonders intensiven Kontakt zu Gleichalt-
rigen finden können. Die Bezugsgruppen sind also altershomogen,
wobei die Altersangaben lediglich Richtwerte sind, ausschlaggebend
sollte letztlich der Entwicklungsstand sein.

Bezugspädagogen oder Tutoren

Bezugspädagogen oder Tutoren sind die ersten Ansprechpartner für Kinder, Schüler und Eltern. Sie stehen als Vertrauensperson der Kinder und Schüler mit Rat und Tat zur Seite.

Diese feste Zuordnung eines Erwachsenen zu einer Gruppe oder Klasse sichert Kindern und Schülern, ebenso wie den Eltern, einen verlässlichen Ansprechpartner. Mit dem Bezugspädagogen werden grundlegende Phasen des Tages gemeinsam gestaltet und erlebt. So finden der Morgenkreis und der Abschlusskreis, aber auch die Mahlzeiten in der Bezugsgruppe statt. Für die Kinder bietet der Morgenkreis in der Bezugsgruppe den Vorteil, in einer kleinen und überschaubaren Gruppe eine Einstimmung in den Tag vorzunehmen. Im gemeinsamen Abschlusskreis lässt die Bezugsgruppe den Tag ausklingen und reflektiert, ob das Vorgenommene geschafft worden ist: „Was haben wir heute erlebt, herausgefunden oder gelernt?"

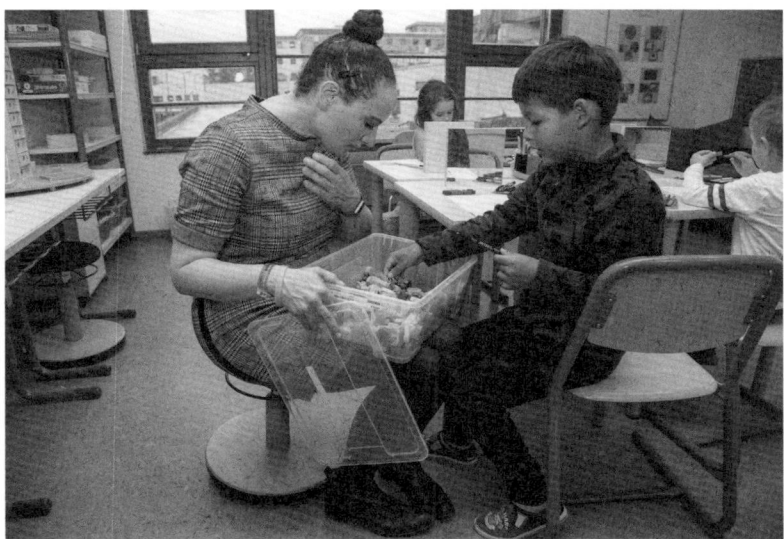

Funktionsraumprinzip

Das teiloffene Arbeiten ermöglicht es, ein großzügiges und an die Lernbedürfnisse der Kinder und Schüler angepasstes Raumprogramm anzubieten. Statt der traditionellen engen Ballung verschiedener Funktionsecken im traditionellen Gruppen- oder Klassenraum sorgen frei zugängliche Fach- und Funktionsräume für optimale Möglichkeiten zur Vertiefung selbstgewählter Tätigkeiten.

Fach- oder Funktionsräume werden von geschulten Fachpädagogen oder Fachlehrern betreut. Sie stehen in den offenen Tagesphasen für jeden Lernenden offen. Damit dies gelingt braucht es einen inhaltlich abgesteckten Rahmen mit verbindlichen Regeln. So existieren Raumnutzungsregeln, Verhaltensregeln und die Graduierung, an die sich alle halten müssen. Graduierte Lerner haben größere Freiheiten in der Fachraumnutzung als Beginner.

Erzieher und Lehrpersonen sind verbindlich zur Arbeit im Fachraum oder Funktionsraum eingeteilt. Sie führen hier keine Aufsicht, sondern bereiten interessante Angebote vor und begleiten diese.

Durch die Gestaltung der Räume wird eine wichtige Voraussetzung für die Realisierung der pädagogischen Ziele, wie Verantwortung und Selbstständigkeit, geschaffen. Jeder Raum hat zwei Funktionen: zum einen ist er der Heimat-, Gruppen-, oder Bezugsraum für die kleinste Einheit der Lernfamilie, die Gruppe der Klasse, und zum anderen verleiht der Raum einem Fach- oder Bildungsbereich eine Heimat. Die klar erkennbare Funktion gibt dem Lernen eine Struktur, genauso wie die Zuordnung der Räume zu einer Gruppe die soziale Gemeinschaft untergliedert.

• •

Räume brauchen mehr als Tische und Stühle

Die pädagogische Fachkraft oder Lehrperson bereitet den Raum so vor, dass der Fachbezug, Lernziele und Übungsmöglichkeiten für den Lernenden erkennbar und zugänglich sind. Wichtiger Grundsatz der Raumgestaltung ist: Das Maß der Dinge sind die Kinder oder Schüler, d.h. die Gestaltung der Räume und die Art der bereitgestellten Materialien ergeben sich aus dem Wissen der Pädagogen über die Kinder. Doch auch die Bedürfnisse der Erwachsenen werden berücksichtigt, damit auch sie sich wohlfühlen und ihre Arbeit gut erledigen können.

Die Erfahrung aus 30 Jahren Arbeit bei Klax hat uns zu der Überzeugung gebracht, dass anspruchsvolle Bildungsarbeit einen anregenden und gut ausgestatteten Ort benötigt. Eine gezielte Raumgestaltung und Raumausstattung werden in jedem Fall das Lernen unterstützen. Räume bilden und erziehen. Ganz im Sinne von Loris Malaguzzi[14], der Räume als dritte Erzieher bezeichnete, nutzen wir die bewusste Raumgestaltung als wichtige Hilfsstruktur für die pädagogische Arbeit.

---

14 Loris Malaguzzi (1920–1994), italienischer Pädagoge und einer der Begründer der Reggio-Pädagogik.

Im Klax Fraktal bildet die gestaltete Umgebung eine der vier Säulen. Die gestaltete Umgebung hat einen wichtigen Einfluss auf den Bildungs- und Lernerfolg von Kindern. Sie soll deshalb anregend, sicher und sinnvoll sein.

Dies ist eine große Herausforderung für Pädagogen und Lehrpersonen, die viel Zeit, Beobachtungen, Reflexion und Nachdenken in ihre Räume investieren müssen.

Kinder brauchen Räume, die zum spielerischen Erkunden und zum selbstbestimmten, entdeckenden und forschenden Lernen auffordern. Sie benötigen räumliche Bedingungen, die Eigenaktivität und Kreativität anregen und Möglichkeiten zum Rückzug und zur Entspannung bieten.

Wir sehen es als unsere Aufgabe an, über die Gestaltung unserer Räume und das Materialangebot regelmäßig in unseren monatlichen Teamsitzungen nachzudenken. Denn wir erfahren immer wieder, wie interessante Materialien, gut erreichbar präsentiert, die Selbstbetätigung der Kinder unterstützen und wir wissen, wie wichtig es ist, sich in den Räumen des Kindergartens wohl zu fühlen.

■■■ UNTERRICHTSFÄCHER UND BILDUNGSBEREICHE: LERNEN AUF DER GRUNDLAGE EINES FÄCHERKANONS

Lernen funktioniert nicht linear, es ähnelt eher einem Pilzmyzel (einem spinnfadenähnlichen Netz) welches sich fast unkontrollierbar unter dem Waldboden ausbreitet. Wie soll eine pädagogische Fachkraft oder eine Lehrperson dies kontrollieren? Dies ist unmöglich und doch braucht der Lernalltag in Schulen und Kindergärten eine Struktur.

Mithilfe von Schulfächern und Bildungsbereichen wird diese Struktur geschaffen. Sie stellen eine Art „Sehhilfe" dar, die es den pädagogischen Fachkräften erleichtert, sich auf die eigene Spezialisierung zu konzentrieren, bei der Monatsplanung kein Lernfeld zu vernachlässigen und im Trubel des Alltags nicht die Übersicht zu verlieren.

Die Erkenntnis, dass Menschen mehr Wissen und Kompetenzen im Bereich des informellen Lernens und des Erfahrungslernens aufbauen, sollte die Bildungsinstitutionen ermutigen und nicht deprimieren. Formale Lernangebote sind durchaus sinnvoll, sie dürfen nur nicht das Einzige sein, was Schülern und Kindern angeboten wird. Projektarbeit, Neigungsgruppen und Expertenteams in Kindergruppen und unter der Schülerschaft müssen gefördert werden und einen festen Platz im Alltag von Schule und Kindergarten einnehmen. Bildungsbereichs- oder fächerübergreifende Lernaktivitäten sind daher bei Klax selbstverständlich.

Obwohl Kinder im Zusammenhang lernen, haben wir auch im Kindergarten, angelehnt an Schulfächer, verschiedene Bildungsbereiche definiert. Wie für die Schulfächer wird für jeden Bildungsbereich ein Satz Stufenblätter bereitgestellt. Pädagogische Fachkräfte in den Kindergärten sind, ähnlich wie die Lehrer in der Schule, Fachpädagogen und auf einen bestimmten Bildungsbereich spezialisiert. Jeder

Bildungsbereich hat einen eigenen Funktionsraum, jedes Schulfach einen eigenen Fachraum, indem entsprechende Lernmaterialien bereitgehalten werden.

Die Klax Schulen folgen dem Fächerkanon des jeweiligen Bundeslandes. Sie verdoppeln die Anzahl der Kunststunden und ergänzen den Sachkunde- bzw. WAT-Unterricht mit den Fächern Maker und Coding, ab der ersten Klasse.

■■■ BILDUNGSBEREICHE IM KLAX KINDERGARTEN

Die Klax Kindergärten arbeiten nach diesen fünf Bildungsbereichen, die in diesem Kapitel weiter erläutert werden:

- Atelier
- Körper und Bewegung
- Musik
- Universum (Naturwissenschaft, Maker, Coding und Mathematik)
- Gesellschaft (Sprache, Berufe, Geschichte, gesellschaftliches Zusammenleben)

Die Fachpädagogen des Kindergartens haben sich in einer speziellen Zusatzausbildung in einem Bildungsbereich qualifiziert. Im Kindergarten führen sie eine Gruppe und sind gleichzeitig für die Lernangebote aller Kinder des Kindergartens im jeweiligen Bildungsbereich zuständig. In der teiloffenen Arbeit lässt sich dies gut realisieren. Die Kinder gehen täglich nach dem Morgenkreis zu einem Angebot in den jeweiligen Funktionsraum, in dem der Fachpädagoge bereits wartet. Wer wann welches Angebot bereithält, wird mithilfe eines Wochenangebotsplans, der für alle sichtbar aushängt, organisiert.

Atelier

Über das künstlerische Tun gewinnen die Kinder Klarheit über ihre Umwelt und ihre Gefühle: Sie machen sich ein Bild von der Welt. Sie malen, bauen und formen, um die Welt kennen und verstehen zu lernen: „Mit der Zeichnung strukturiert das Kind seine Wahrnehmung. Oder mit den Worten von Rudolf Seitz ausgedrückt: ‚Darstellen heißt klarstellen.' Damit ist ein Prozess der geistigen Erfassung von Wirklichkeit gemeint, wobei die Zeichnung selbst als Medium des Denkens angesehen werden muss."[15]

Das wichtigste Ziel besteht darin, dass Kinder künstlerisches Schaffen als eine genussvolle Form des Selbstausdrucks erleben. Sie lernen deshalb eine Vielfalt an Gestaltungstechniken kennen, um Bilder und Objekte herzustellen. Oft ist es für Kindergartenkinder unwichtig, welches konkrete Ergebnis ihr Schaffen hat: Es geht ihnen nicht um ein Kunstwerk, sondern um Erkenntnis. Auch deshalb benötigen sie Zeit und Freiraum, um ungezielte Spiele mit Farbe, Ton und vielerlei Materialien zu spielen – und ohne damit ein Bild oder ein Objekt als Ergebnis erreichen zu wollen.

Die Arbeit im Atelier eignet sich besonders dafür, den Kindern selbstständiges, projektartiges Lernen beizubringen. Sie können im künstlerischen Tun erfahren, wie man mit einem konkreter werdenden Plan an die Arbeit geht, alle benötigten Materialien beschafft, bei der Umsetzung Hilfe einfordert, wie man das Ergebnis präsentieren kann und das Gelingen einschätzt. Pädagogische Fachkräfte strukturieren diese selbstständige Arbeit der Kinder, indem sie Besprechungsrunden einführen, offene künstlerische Themenstellungen anbieten und regelmäßige Präsentationen der Ergebnisse einplanen.

Den pädagogischen Fachkräften empfehlen wir, die in diesen Settings entstandenen Zeichnungen und Skulpturen der Kinder sehr genau zu betrachten und ihre dazugehörigen Erklärungen geduldig anzuhören. In diesen Momenten erfahren sie sehr viel darüber, wie

---

15 Brügel, Eberhard: Wirklichkeit in Bildern. Über Aneignungsformen von Kindern. Akademie Remscheid, Remscheid 1993, S. 33.

die Kinder denken, was sie gelernt haben und wo sie in ihrer Entwicklung stehen. Hieran anknüpfend fällt es leicht, die nächste Herausforderung für die Kinder zu planen.

Körper und Bewegung

In diesem Bildungsbereich steht die Förderung des Körperbewusstseins der Kinder im Mittelpunkt. Es eignen sich Angebote, in denen die Kinder herausfinden, wie ihr Körper funktioniert und was man für den Körper tun kann, um gesund zu bleiben. Sportliche Aktivitäten trainieren die Ausdauer, die motorischen Fähigkeiten, Disziplin und Gruppengefühl.

Die pädagogischen Fachkräfte haben die Aufgabe, Kinder bei der Ausdifferenzierung ihres Körpergefühls zu unterstützen: Welche Signale des Körpers muss man wahrnehmen, um für sein eigenes Wohlbefinden zu sorgen? Welche körperlichen Bedürfnisse sollte man zum Ausdruck bringen, welche muss man regulieren können?

Wichtig ist uns, dass die Kinder ihre eigenen Besonderheiten wahrnehmen und wertschätzen können, gleichzeitig jedoch auch vermittelt bekommen, dass sich Menschen trotz unterschiedlicher körperlicher Merkmale ähnlich sind und sich gegenseitig respektieren sollten. Jeder soll herausfinden, wie er oder sie sein möchte, egal welchem Geschlecht er angehört und aus welcher Kultur er oder sie stammt.

Musik

Musikalische Früherziehung bedeutet in diesem Bildungsbereich: Förderung des Bewusstseins für Rhythmen und Vermittlung der Bedeutung von Musik durch das gemeinsame Einüben von Liedern oder das Kennenlernen von Instrumenten. Die Kinder lernen, unterschiedliche Formen von Musik zu unterscheiden und diese in Bezug zu den eigenen Gefühlen und Bedürfnissen zu setzen.

Die musikalische Bildung ist selbstverständlich eng mit dem Kompetenzerwerb in anderen Bildungsbereichen verbunden und wird deshalb in verschiedenen Phasen des Tages immer wieder eingeflochten.

Die pädagogischen Fachkräfte sprechen mit den Kindern über ihre Hörerlebnisse und führen grundlegende Begriffe der Musik ein: Wie unterscheiden sich Rhythmus und Tempo? Was sind hohe und tiefe Töne? Welche Stimmung wird über die Musik transportiert?

Universum

In diesem Bildungsbereich erkunden und erforschen Kinder die belebte und unbelebte Natur. Sie erkunden physikalische Gesetzmäßigkeiten ebenso wie technische oder mathematische Fragestellungen und versuchen, durch Experimente Antworten zu finden: Was bedeutet viel, wenig, leicht und schwer, und wie zählt man bis 20? Was ist ein Stromkreis? Sich mit Technik auseinanderzusetzen bedeutet dabei auch, sie auseinanderzunehmen und neu zusammenzusetzen: Die Kinder brauchen Möglichkeiten, um die Funktionsweise von technischen Geräten zu verstehen.

Da sich mathematische Inhalte in allen Lebensbereichen wiederfinden, zeigen Kinder frühzeitig ein großes Interesse an Mathematik: Sie vergleichen Mengen, ordnen und kategorisieren Gegenstände und lernen das Zahlensystem kennen. Um den Kindern mathematische Inhalte zu vermitteln, sollten die pädagogischen Fachkräfte immer einen sinnvollen Bezug zum Alltag herstellen.

Gesellschaft

In diesem Bildungsbereich geht es um das Vermitteln von Wissen über den Aufbau unserer Gesellschaft, unsere und andere Kulturen, Zeiten und Lebensformen. Es werden Fragen rund um das Zusammenleben von Menschen untersucht: Was ist Frieden? Wie löst man Streit? Was ist Vergangenheit?

Dieser Einblick beginnt damit, dass jüngere Kinder in ihrem engsten Umfeld erfahren sollen, wie Menschen zusammenleben, wie unterschiedlich sie sind, welche gemeinsamen Bedürfnisse sie haben und welche Einrichtungen es dafür gibt. Sie sollen also unterschiedliche Lebensformen, Familienformen oder Wohnsituationen erfahren. Sie sollen kennenlernen, zu welchem Zweck es Polizei, Krankenwagen, bestimmte Geschäfte und Arbeitsstätten gibt. Ebenso sollen sie an Fragen der Gerechtigkeit herangeführt werden: Geht es allen Menschen in unserer Gesellschaft gleich gut? Fühlt sich jeder gleich gut in der Gemeinschaft aufgehoben?

Wichtig ist es uns auch, den Kindern zu vermitteln, wie sich das Wertesystem von Menschen anderer Kulturen von unserem deutlich unterscheidet, etwa in Bezug auf Glaubensvorstellungen, Ansichten über den Sinn des Lebens und Vorstellungen, was nach dem Tod kommt. Kinder müssen in diesem Zusammenhang zuerst erfahren, welche Bedeutung und welchen Ursprung die bei uns praktizierten Rituale haben. Sie sollen Ähnlichkeiten und Unterschiede zu anderen Kulturen daran erkennen können.

Sprachförderung und Spracherwerbskompetenz findet im Alltag auf vielfältigen Wegen statt, nicht nur durch den Einsatz eines gezielt ausgewählten Lernmaterials – denn Sprachen lernt man selbstverständlich durch Sprechen und sich „einhören" können. Es kommt darauf an, in elementaren Situationen (z. B. Einkaufen, Fahrkartenkauf) sprachlich handeln zu können. Sprachspiele und ein spontaner spielerischer Umgang mit Sprache fördern die Entwicklung des kindlichen Sprachbewusstseins.

Die Entwicklung von Kindern ist geprägt durch Kommunikation mit anderen Kindern und Erwachsenen. Sprache trägt dazu bei, Gefühle wie Freude, Ärger oder Ängste ausdrücken zu können und hilft den

Kindern zu lernen, mit ihnen angemessen umzugehen. Durch das Erlernen der Sprache und die Vertiefung der Sprachkenntnisse wird es den Kindern erleichtert, vielfältige Kontakte aufzubauen und zu pflegen. Das Umweltverständnis wird gefördert, Selbstvertrauen und das Erkennen der eigenen Rolle ermöglichen den Kindern ein aktives Teilnehmen und Mitgestalten ihrer Lebensbereiche.

▌▌▌ GESTALTUNG VON ÜBERGÄNGEN BEI KLAX

Übergangsphasen sind oft von starken Emotionen begleitet: Sie sind mit vielen Erwartungen, Hoffnungen und mit Vorfreude auf das Kommende, aber auch mit Befürchtungen und dem Abschied von etwas Vertrautem verbunden.

Es ist ein wichtiges Ziel, die Übergangsphasen möglichst fließend zu gestalten, um den Kindern eine kontinuierliche Bildungsbiografie, d.h. einen fortlaufenden Lernweg zu ermöglichen. Den pädagogischen Fachkräften kommt besonders in Übergangsphasen eine zentrale Rolle zu. Ihre Aufgabe ist es, Kinder und Eltern in ihren Übergängen behutsam zu begleiten und sich um den Aufbau einer stabilen Zusammenarbeit bzw. Bildungspartnerschaft zu bemühen. Denn je besser der Austausch zwischen den Institutionen funktioniert, desto eher wird es dem Kind, aber auch den Eltern gelingen, von der neuen Bildungseinrichtung zu profitieren. Wichtig ist, dass die Lernbiografie nicht abbricht. Der Ich-Bezug des Lernens muss stabil bleiben, während sich das „Wir" ändert.

Auch deshalb hat das Portfolio[16] im Sinne einer individuellen kontinuierlich geführten Lern- und Entwicklungsdokumentation einen zentralen Stellenwert bei der Gestaltung von Übergangsphasen und beim Eintritt in den Kreislauf des selbstorganisierten Lernens. Der Lernende kann mithilfe der Stufenblätter den Ausgangspunkt seines Lernens verorten, die gemeinsame Lernreflexion mit dem Bezugspädagogen ermöglicht ein erstes Kennenlernen von Lernstrategien.

Der Übergang und der Einstieg in die Grundschule zum Beispiel ist dann erfolgversprechend, wenn die Schulwahl informiert und die Erwartungen und Anforderungen an die Grundschule und die Form des Lernens geklärt sind. Dieser Prozess beginnt mit der ersten Kontaktaufnahme zu künftigen Schülern und ihren Eltern.

Die folgenden Leitfragen können in einer Teamsitzung zu Beginn des neuen Schuljahres zur Selbstüberprüfung herangezogen werden:

- Wie lernen künftige Schüler, Eltern oder auch Erzieher die Strukturen und Instrumente der Grundschule kennen?
- Wie werden künftige Schüler auf ihren Schuleintritt vorbereitet?
- Wie informiert sich die Grundschule über das erlangte Wissen und Können von neu ankommenden Schülern?
- Gibt es spielerische Aktivitäten oder Projekte, die das Kennenlernen aller Mitglieder der Lernfamilie ermöglichen?
- Wie wurden bereits im Vorfeld informierende und orientierende Angebote gemacht?
- Wie geschieht der erste Kontakt mit Schülern und Eltern?
- Wie wird in die Besonderheiten des pädagogischen Konzepts eingeführt?

---

16 Vgl. Bostelmann, Antje & Möllers, Gerrit: Portfolio, Stufenblätter, Lotusplan. Methoden und Werkzeuge in der Klax-Pädagogik. Bananenblau, Berlin 2020.

Wir haben gute Erfahrungen damit gemacht einen Bildungsvertrag zwischen Eltern, Lernbegleitern und Lernenden abzuschließen.

Besonders die Anfangsphase dient den Lernenden in allen Bildungsstufen dazu, in der sozialen Gemeinschaft und dem neuen Lernumfeld anzukommen und sich dazugehörig zu fühlen. Sie werden mit den in der Lernfamilie geltenden Regeln und Werten, sowie den Arbeitstechniken und Lernmethoden vertraut gemacht. Diese Strukturen und Instrumente werden ihnen verständlich und nachvollziehbar erläutert oder praktisch erprobt, ein erfahrener Pate steht den Lernenden dabei zur Seite.

Bildungsvertrag für die Klax Grundschule

Dieser Bildungsvertrag ist Bestandteil des Schulvertrages für die Klax Grundschule. Er wird zwischen uns, den Mitgliedern des Lernteams, geschlossen. Zu dem Lernteam gehöre ich, _____, wir Eltern und Pädagoginnen und Pädagogen der Klax Grundschule.

In der Klax Grundschule steht der Erwerb von Kompetenzen im Vordergrund, die Menschen zum selbständigen und gemeinsamen Denken, Handeln und Gestalten befähigen. Voraussetzung dafür ist in einer sich stetig wandelnden Welt der Erwerb von grundsätzlichen sozialen, fachlichen und methodischen Fähigkeiten und die Ausbildung einer individuellen Persönlichkeit. Besonderen Wert legen wir außerdem auf Kreativität und die Fähigkeit, problemlösend zu denken. Die Klax-Grundschule formuliert die zu erwerbenden Kompetenzen in Bildungszielen, an denen wir stetig gemeinsam arbeiten. Nicht das isolierte Antrainieren von Fertigkeiten bildet demnach den Schwerpunkt der Bildungsziele, sondern das Ausbilden von Kompetenzen. Folgende Kompetenzfelder[1] stehen dabei im Vordergrund und durchziehen auf Basis altersgemäßer Niveaus den Lernalltag während der Schulzeit:

Kreativität und die Fähigkeit zur Problemlösung

o Ein kreativer Mensch will neue Wege gehen, kann Ideen entwickeln, seine Fantasie nutzen, sein Wissen anwenden und vernetzt denken und hat den Mut, neue Erfahrungen zu machen. Jedes Problem stellt für den kreativen Menschen eine Lernchance dar und regt seinen Forschergeist an.

Sozialkompetenz

o Ein sozial kompetenter Mensch kann, sich in andere hineinversetzen und deren Bedürfnisse und Interessen wahrnehmen und darauf eingehen. Er kann mit anderen kooperieren und in Teams zusammen arbeiten. Er ist freundlich, rücksichtsvoll, solidarisch und in der Lage, Regeln zu vereinbaren, einzuhalten und kritisch zu hinterfragen, wenn dies erforderlich wird.

Lernkompetenz und die Fähigkeit zur Selbstorganisation

o Ein lernfähiger Mensch ist neugierig, kann sich Ziele setzen, seinen Lernweg planen und die Ergebnisse kritisch reflektieren. Er verfügt über Fach- und Methodenkompetenzen, die ihm das Aneignen und Anwenden von Wissen ermöglicht. Er ist dadurch fähig, komplexe Probleme zu lösen und seinen weiteren Lernweg selbst zu organisieren. In der Klax-Grundschule trägt das Konzept von „Lernen mit Zielen" dazu bei, den eigenen Lernprozess reflektieren zu können.

Wertschätzung und Offenheit

o Der wertschätzende und offene Mensch besitzt die Fähigkeit, sich mit anderen (ethnisch-kulturellen, religiösen) Weltanschauungen und Meinungen dialogisch auseinanderzusetzen. Er akzeptiert Verschiedenartigkeit und betrachtet sie als Ressource für seine Lern- und Bildungsprozesse. Er übt sich in Wertschätzung sowie in kritischer Reflexions- und Konfliktlösungsfähigkeit. Er besitzt die Fähigkeit, sich auf der Basis gemeinsamer Werte zu verständigen.

---

1 Die UNO-Generalversammlung hat für die Jahre 2005 bis 2014 eine Dekade „Bildung für nachhaltige Entwicklung" (Education for Sustainable Development - ESD) ausgerufen. Die hier beschriebenen Kompetenzfelder sind angelehnt an die Schlüsselqualifikationen der UNESCO-Kommission und den darauf beruhenden BLK-Orientierungsrahmen „Bildung für eine nachhaltige Entwicklung", der Eckpunkte einer ESD in den Bereichen Kindertagesstätten, Schule, berufliche Bildung, Hochschule, allgemeine Weiterbildung und außerschulische Bildung beschreibt.

Ich-Kompetenz

o Ein selbstbewusster, eigenständiger und ausgeglichener Mensch kennt seine Fähigkeiten und Potenziale, seine Bedürfnisse und Erwartungen. Er hat den Mut, seine Meinung zu äußern und zu vertreten, kann seine Gefühle reflektieren und mit ihnen umgehen. Auf Basis seines Wissens, Könnens und seiner individuellen Potenziale entwickelt er ein Selbstbild, das er ständig hinterfragt und abgleicht.

Den wesentlichen Bildungszielen der Klax-Grundschule liegen die oben genannten Kompetenzen zu Grunde. Sie sind in Checklisten festgehalten und auf die jeweiligen Lernbereiche bezogen. Zum einen orientieren sie sich an den Rahmenlehrplänen des Landes Berlin, zum anderen verstehen sie sich als Ziele der Schülerin/des Schülers und sind deshalb in der „Ich-Form" formuliert.

Wir Pädagoginnen und Pädagogen ermöglichen durch die Bereitstellung von ansprechenden und vielfältigen Materialien die Kreativität und Fantasie der Schülerin/des Schülers anzuregen und seine Kenntnisse und Neigungen dabei zu berücksichtigen. Wir dokumentieren und reflektieren die schulische Entwicklung des Kindes, leiten zukünftige Bildungsziele ab und geben Rückmeldung an die Mitglieder des Lernteams.

Ich, _____, lasse mich auf ein Thema ein, strenge mich an, damit ich meine Ziele erreiche und habe den Mut, eigene Ideen zu verwirklichen. Ich lasse mich im Lernprozess beraten, arbeite rücksichtsvoll mit anderen zusammen und beweise meinen Lernerfolg regelmäßig.
Ich erscheine pünktlich zum Unterricht und achte auf die eigenen und von der Schule bereit gestellten Lernmaterialien. Die Einrichtung behandle ich sorgsam.

Wir Eltern unterstützen die kreativen Lösungswege unseres Kindes, geben regelmäßig wertschätzendes Feedback und helfen ihm, seine Bildungsziele zu erreichen. Wir sorgen mit dafür, dass unser Kind unter guten Bedingungen lernen kann und achten auf einen regelmäßigen konstruktiven Austausch mit den Mitgliedern des Lernteams.

Wir, das Lernteam, verpflichten uns gemeinsam an der Erreichung der Bildungsziele zu arbeiten und unterstützen damit die Ausbildung der Kernkompetenzen. Dies gelingt nur auf der Basis einer vertrauensvollen und konstruktiven Zusammenarbeit im Lernteam.

Rahmenbedingungen sind für das Gelingen der pädagogischen Arbeit in der Klax-Grundschule unerlässlich. Deshalb verpflichtet sich das Lernteam zur Einhaltung der Rahmenbedingungen, wie sie im pädagogischen Konzept von Klax, der Hausordnung und den Schulregeln niedergelegt sind.

Berlin, den _____

_____   _____   _____
Schülerin/Schüler   Eltern   Pädagoginnen und Pädagogen

▌▌▌ EINGEWÖHNUNG IN KRIPPE UND KINDERGARTEN

Wenden wir uns nun den Krippen und Kindergärten zu. Worauf ist bei der Eingewöhnung von neuen Kindern zu achten?

Grundsätzlich gilt: Während der Eingewöhnungszeit muss eine enge Bezugsperson des Kindes anwesend sein, damit das Kind eine Bindung zu seiner Bezugserzieherin aufbauen kann und diese als „sichere Basis" für die Zeit, die es in der Krippe verbringt, annimmt. Die Dauer der Eingewöhnung ist abhängig von der Individualität des Kindes, vom Muster seiner Bindungsbeziehungen und seinen Vorerfahrungen mit Trennungssituationen. Kinder benötigen, wie unsere Erfahrung zeigt, für den Aufbau einer stabilen Beziehung zwischen sechs und vierzehn Tagen, im Einzelfall auch bis zu sechs Wochen.

Für diese Übergangsphase haben wir uns auf die folgenden Regeln geeinigt:

Das Aufnahmegespräch:

- Das Aufnahmegespräch dient dazu, gemeinsam mit den Eltern festzustellen, was das Kind schon kann, um von Anfang an die Entwicklung des Kindes auf den passenden Stufenblättern einzuschätzen.
- Im Fokus stehen das Kennenlernen der häuslichen Situation des Kindes, seiner Stärken und Vorlieben sowie seiner individuellen und entwicklungsbedingten Besonderheiten.
- Im Aufnahmegespräch können erste Entwicklungseinschätzungen anhand der Stufenblätter erfolgen, wobei mit Bleistift eingetragen wird, um später Korrekturen aufgrund der Beobachtungen vornehmen zu können.
- Das Aufnahmegespräch ist gleichzeitig der Beginn der Portfolioarbeit: Die Eltern erhalten die „Ich-Blätter", „Meine Familie" und „Das bin ich".

Die ersten gemeinsamen Besuche:

- Während der ersten drei bis fünf Tage ist die Mutter oder der Vater zugegen, verbringt die Zeit gemeinsam mit dem Kind im Gruppenraum und steht ihm als „sichere Basis" zur Verfügung.
- Die Bezugserzieherin beobachtet Eltern und Kind, um im geeigneten Moment vorsichtig Kontakt zum Kind aufzunehmen, z.B. über Spielangebote oder Beteiligung am Spiel des Kindes.
- Kind und Eltern werden zunehmend in den Tagesablauf der Gruppe integriert, wobei zunächst die Eltern die Versorgung ihres Kindes übernehmen.
- Soweit das Kind dies zulässt, übernimmt die Bezugserzieherin in den folgenden Tagen im Beisein des Elternteils zunehmend die Versorgung des Kindes.

Trennungsversuche:

- Nach Rücksprache mit der Erzieherin unternimmt der begleitende Elternteil in der ersten Woche einen ersten kurzen Trennungsversuch: Der Elternteil verabschiedet sich vom Kind und verlässt den Raum, bleibt aber in der Nähe der Tür.
- Die Bezugserzieherin wendet sich dem Kind zu, beobachtet seine Reaktionen und reagiert angemessen darauf (z.B. trösten, auf dem Arm tragen, gemeinsam spielen).
- Zeigt das Kind verstörte Reaktionen (suchen, erstarrte Körperhaltung, weinen) und kann die Erzieherin es nicht beruhigen, kehrt das Elternteil wieder in den Raum zurück.
- Kann die Erzieherin das Kind bei auftretenden Irritationen beruhigen und trösten, kann die Trennung ausgedehnt werden (max. 30 Minuten).
- In den folgenden Tagen werden die Trennungsversuche ausgedehnt: Das Elternteil geht zunächst für eine Stunde weg, später über den gesamten Vormittag, zuletzt wird das Kind erst nach dem Mittagessen und Mittagsschlaf wieder in Empfang genommen.
- Nimmt die Eigenständigkeit des Kindes zu, der Blick- und Körperkontakt zu den Eltern ab, und kann die Erzieherin das Kind in belastenden Situationen beruhigen und trösten, sind dies Anzeichen für ein Ende der Eingewöhnungszeit.

Zwischen- und Abschlussgespräche:

- Spätestens am 4. oder 5. Tag führt die Erzieherin mit dem Elternteil ein Gespräch über den bisherigen und weiteren Verlauf der Eingewöhnung.
- Grundlage für das Gespräch sind die Beobachtungen der Eltern-Kind-Interaktion während der Eingewöhnung. Der erlebte Eingewöhnungsprozess von Bezugserzieherin und Eltern wird gemeinsam reflektiert.
- Dieses Abschlussgespräch der Eingewöhnungszeit ist gleichzeitig das erste Entwicklungsgespräch.

Das Ich-Buch

In der Krippe hat sich die Nutzung von Ich-Büchern zur Gestaltung der Übergangsphase bewährt, um den Kindern eine Verbindung von Familie und Krippe zu geben. Das gemeinsame Betrachten des Ich-Buches wird als Sprechanlass gestaltet. Mit der Eingewöhnung in der Krippe leben Kinder in zwei Welten: Zum vertrauten Zuhause mit Familienangehörigen, heimischen Ritualen und Gewohnheiten kommt nun eine vollständig anders strukturierte Welt mit vielen anderen Personen, anderen Abläufen und sogar einer grundsätzlich andersartigen eigenen Rolle hinzu. Um sich in der neuen Welt der Krippe wie zu Hause wohlfühlen zu können, tut es vielen Kindern gut, die vertraute Welt der Familie tagsüber ein wenig zu vergessen. Andersherum kann es in emotional anstrengenden Situationen auch gut sein, sich der Familienmitglieder zu versichern. Dazu kommt, dass es auch für kleine Kinder ein Bedürfnis ist, sich über die eigene Lebenswelt mit anderen auszutauschen. Für beide Bedürfnisse geben wir jedem Kind in der Krippe sein Ich-Buch.

Jedes Kind sollte dieses Fotoalbum mit Bildern von daheim von der Eingewöhnung an besitzen: Mit den Fotos im Ich-Buch kann das Kind ein kleines Stück seiner Zuhause-Welt mit in die Krippe nehmen, und es kann den anderen zeigen, wer alles dazu gehört. Schon für Kinder, die nur wenige Worte beherrschen, ist das Buch ein geeigneter Sprachanlass: Pädagogische Fachkräfte sollten sich regelmäßig mit Kindern zusammensetzen, gemeinsam das Buch betrachten, auf die abgebildeten Personen oder Gegenstände zeigen und darüber mit dem Kind sprechen.

Eine solche gemeinsame Ich-Buch-Betrachtung ist eine vertrauensvolle, intime Angelegenheit und muss auch so gestaltet werden: Nur wenn das Kind es möchte, dürfen andere sein Buch betrachten. Auch muss beim Einsatz des Ich-Buches darauf geachtet werden, ob das Kind gerade emotional in der Lage ist, über das Ich-Buch an das Zuhause zu denken: Beim Warten auf die abholenden Eltern ist es gewiss nicht immer eine gute Hilfe, sehnsüchtig die Bilder zu betrachten, statt vom Warten abgelenkt zu werden.

Das Ich-Buch sollen die Eltern, angeleitet durch die pädagogischen Fachkräfte, herstellen, bevor oder während das Kind in die Krippe eingewöhnt wird. Schon hier ist es sinnvoll, aus dem Herstellen eine gemeinsame Aktion mit pädagogischem Hintergrund zu machen: Wenn mehrere Kinder zur gleichen Zeit eingewöhnt werden, könnte das Herstellen des Ich-Buchs als Nachmittagsangebot beim Kennenlern-Tag angeboten werden. Oder das eingewöhnende Elternteil stellt das Buch mit Unterstützung der pädagogischen Fachkräfte her, während das Kind bei der Eingewöhnung die ersten Stunden ohne Eltern ausprobiert.

Als Grundlage für das Ich-Buch eignet sich ein einfaches Einsteck-Fotoalbum. Die Seiten müssen vom Kind leicht umzublättern sein. Damit die Erzieherin bei kleinen Kindern fragen, erklären und auffordern kann, bestimmte Seiten zu zeigen, sollten Eltern stichwortartig notieren, wer auf den Bildern zu sehen ist: „Das ist Martas Schwester Fine!"

4 Elternzusammenarbeit

Eine gelingende pädagogische Arbeit setzt eine partnerschaftliche und vertrauensvolle Zusammenarbeit, insbesondere einen offenen Dialog zwischen Eltern und pädagogischen Fachkräften voraus. Beide Seiten müssen bereit sein, Hand in Hand im Sinne der Unterstützung einer bestmöglichen Förderung des Kindes zu wirken.

Wichtig ist hierbei, dass beide Seiten in manchen Angelegenheiten direkt zusammenarbeiten. In anderen genügt es, sich gegenseitig gut zu informieren, in einigen anderen Angelegenheiten muss der anderen Seite auch Freiraum für selbstständige Entscheidungen eingeräumt werden. All dies geschieht im Sinne der Erziehungspartnerschaft: Informieren – Mitwirken – Freiräume gewähren.

ERZIEHUNGSPARTNERSCHAFT

INFORMIEREN – MITWIRKEN – FREIRÄUME GEWÄHREN

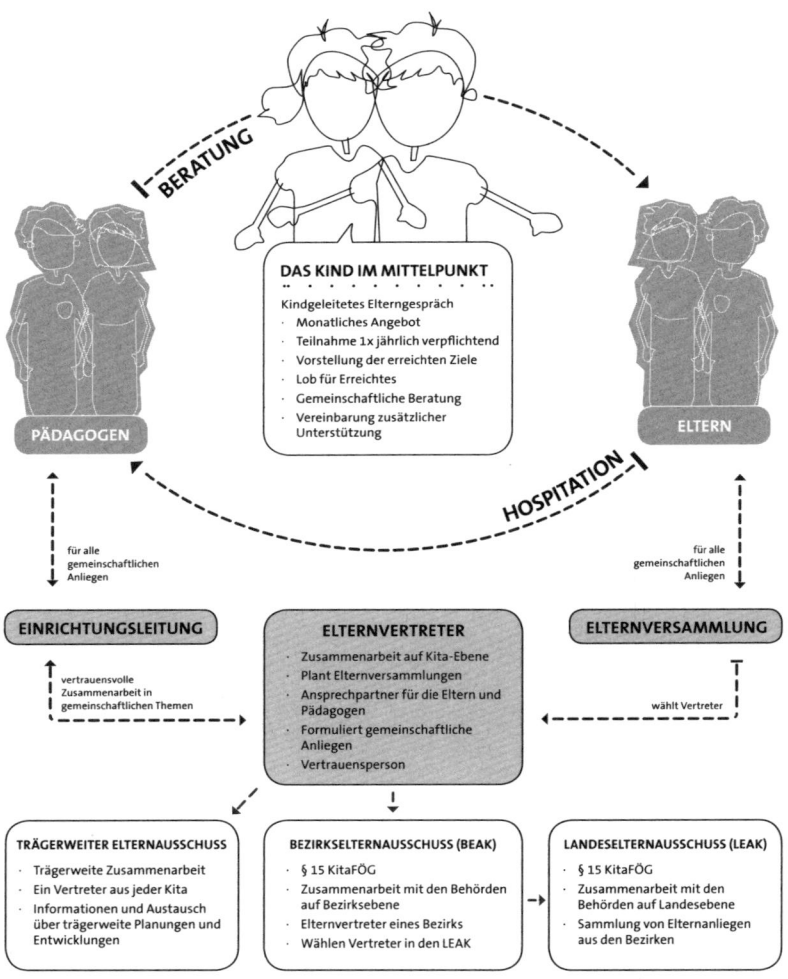

BERATUNG

DAS KIND IM MITTELPUNKT

Kindgeleitetes Elterngespräch
· Monatliches Angebot
· Teilnahme 1x jährlich verpflichtend
· Vorstellung der erreichten Ziele
· Lob für Erreichtes
· Gemeinschaftliche Beratung
· Vereinbarung zusätzlicher
  Unterstützung

PÄDAGOGEN

ELTERN

HOSPITATION

für alle
gemeinschaftlichen
Anliegen

für alle
gemeinschaftlichen
Anliegen

EINRICHTUNGSLEITUNG

ELTERNVERTRETER
· Zusammenarbeit auf Kita-Ebene
· Plant Elternversammlungen
· Ansprechpartner für die Eltern und
  Pädagogen
· Formuliert gemeinschaftliche
  Anliegen
· Vertrauensperson

ELTERNVERSAMMLUNG

vertrauensvolle
Zusammenarbeit in
gemeinschaftlichen Themen

wählt Vertreter

TRÄGERWEITER ELTERNAUSSCHUSS
· Trägerweite Zusammenarbeit
· Ein Vertreter aus jeder Kita
· Informationen und Austausch
  über trägerweite Planungen und
  Entwicklungen

BEZIRKSELTERNAUSSCHUSS (BEAK)
· § 15 KitaFÖG
· Zusammenarbeit mit den Behörden
  auf Bezirksebene
· Elternvertreter eines Bezirks
· Wählen Vertreter in die LEAK

LANDESELTERNAUSSCHUSS (LEAK)
· § 15 KitaFÖG
· Zusammenarbeit mit den
  Behörden auf Landesebene
· Sammlung von Elternanliegen
  aus den Bezirken

Dieses Schaubild stellt die grundlegenen Aspekte der Erziehungspartnerschaft dar.

▌▌▌ EIN AUSFLUG IN DIE GESCHICHTE DER ELTERNZUSAMMENARBEIT

Eine gelungene Elternarbeit ist für die optimale Entwicklung der Kinder unerlässlich. Doch leider hat sie in unserer Gesellschaft keine lange Tradition. Dr. Martin Textor[17] gibt einen Einblick in die Geschichte der Elternarbeit, den wir an dieser Stelle gerne ausführlich zitieren möchten:

„So waren in den 60-er Jahren dieses Jahrhunderts Eltern im Kindergarten nicht willkommen. Sie mussten ihre Kinder zu einer bestimmten Zeit vor dem Kindergarten oder in einem Vorraum abgeben und zu einer genau bestimmten Zeit wieder abholen; die Gruppenräume durften von ihnen nicht betreten werden. Ihr Einfluss auf die Kinder wurde eher negativ gesehen – je nach politisch-pädagogischer Ausrichtung aus einem anderen Grund:

- *Für die antiautoritäre Tradition wurden die Kinder in ihren Familien unterdrückt und an dem Ausleben ihrer Gefühle gehindert.*
- *Für die sozialistische Tradition reproduzierten die Eltern in ihren Familien die abgelehnte bürgerliche Gesellschaft und den Kapitalismus.*
- *Für die Vertreter/innen einer kompensatorischen Erziehung waren vor allem Kinder in Unterschichtsfamilien benachteiligt, weil sie einen ‚falschen‘ Sprach- und Denkstil von ihren Eltern übernehmen mussten.*
- *Für die Bildungstradition war der Kindergarten zu einer reinen Bildungseinrichtung, zum Elementarbereich des Bildungswesens, geworden, in der Eltern, wie in der Schule nichts zu suchen hatten.*

Eltern hatten also keinen Platz mehr im Kindergarten. Die einzige Ausnahme waren die Elternabende, die eher spärlich angeboten und zumeist als reine Vortragsabende gestaltet wurden. Die Kindergartenlei-

---

17 Martin Textor (geb. 1954) ist ein deutscher Autor, Publizist und Pädagoge.

terin arbeitete ein Referat über die ‚richtige' Erziehung von Kleinkindern aus und ‚bildete' auf diese Weise die Eltern. Diese hatten zuzuhören und konnten anschließend noch etwas diskutieren. Waren Eltern mit einzelnen Aussagen nicht einverstanden, wollten sie genauere Informationen über die Erziehung ihrer Kinder haben oder gar diese mitbestimmen, wurden sie als ‚Störenfriede' betrachtet. Manche Eltern lösten dieses Problem mit der ‚Institution Kindergarten', indem sie eine Elterninitiative gründeten oder einer beitraten."[18]

Allzu häufig herrschen wechselseitige Vorbehalte zwischen Eltern und pädagogischen Fachkräften, wie Textor betont:

„Eltern haben oft Angst vor Lehrer/innen und begegnen ihnen mit Einstellungen und Gefühlen aus ihrer eigenen Schulzeit: So fühlen sie sich ihnen unterlegen, befürchten Kritik und eine ‚Benotung' ihrer Erziehungsleistung, unterstellen ihnen Motive und Verhaltensweisen, unter denen sie früher selbst gelitten haben. Oft haben sie Angst, dass kritische Äußerungen über die Lehrer/innen negative Konsequenzen für ihr Kind haben könnten. Manche Eltern möchten jetzt aber auch das nachholen, was sie in ihrer eigenen Schulzeit nicht konnten bzw. worin die eigenen Eltern versagten: Sie möchten die Lehrer/innen von ihrem ‚hohen Sockel' herunterholen, ihnen endlich die Meinung sagen, die eigenen Kinder vor ihnen in Schutz nehmen. Aber auch die Lehrer/innen haben Angst: vor der Konfrontation mit einer ganzen Gruppe von Eltern beim Elternabend, vor Gesprächen mit Eltern über die schlechten Schulleistungen oder die Verhaltensauffälligkeiten ihrer Kinder, vor Eltern, die gleich mit dem Schulamt oder Rechtsanwalt drohen. Manche befürchten, dass herauskommen könnte, dass sie schlechte Pädagogen/innen sind, keinen guten Unterricht machen oder die Aufmerksamkeit der Schüler/innen nicht fesseln können. Sie sind es nicht gewöhnt, über ihre Arbeit Rechenschaft zu geben und selbst kritisiert zu werden, und reagieren deshalb

---

18   Textor, Martin: Kooperation mit den Eltern. Erziehungspartnerschaft von Eltern und Kindertagesstätte. Don Bosco, München 2000. www.kindergartenpaedagogik.de/42.pdf [Stand 27.09.2019]

unangemessen auf kritische Äußerungen von Eltern. Auch Lehrer/innen haben Stärken und Schwächen, aber sie glauben oft, sie müssten eigene Schwächen und Ängste verheimlichen, weil sie ansonsten an Autorität verlören. Natürlich gibt es noch viele andere Gründe für die distanzierte Beziehung zwischen Eltern, Erzieher/innen und Lehrer/innen." [19]

Die hier vorgetragene Zustandsbeschreibung gilt in weiten Teilen auch für den Kindergarten und ist tägliche Realität, vor der wir nicht die Augen verschließen dürfen. Aber wir sollten uns auch nicht entmutigen lassen. Deshalb nehmen wir diese Beschreibung als Zustandsanalyse, quasi als Ausgangspunkt unserer Bemühungen – und machen uns Gedanken wie es besser laufen könnte.

Mit den neuen gesellschaftlichen Ansprüchen an die Frühpädagogik entstehen auch neue Erwartungen an die Professionalität von pädagogischen Fachkräften. Eltern erwarten eine umfassende fachliche Beratung durch ihre Bezugspädagogen: Krankheitsbilder, Impfungen, die richtigen Spiel- und Anziehsachen und die vielen Fragen, wie in welchen Situationen richtig reagiert werden sollte. Pädagogische Fachkräfte werden mit Elternerwartungen konfrontiert, die zunehmend eine professionelle Erziehungsberatung einfordern. Dies geschieht immer mehr, z.B. auch über WhatsApp-Nachrichten („Ella kann nicht einschlafen – was soll ich tun?"), aus denen schnell ersichtlich wird, dass keine stimmigen Regeln für ein ausgewogenes Verhältnis zwischen Nähe und Distanz verabredet worden sind.

19   Textor, Martin: Eltern und Schule als Partner. www.ipzf.de/Eltern_Schule.html [Stand 27.09.2019]

▌▌▌ ELTERNZUSAMMENARBEIT HEUTE

In den Erwartungsäußerungen der Eltern wird zunehmend ein Dienstleistungsanspruch deutlich, auf den der Kindergarten und die Schule noch gar nicht eingestellt ist. Denn die Pädagogen setzten derzeit noch sehr auf Vertrauen und emotionales Verständnis („Wir haben es alle wirklich so schwer!"), während immer mehr Eltern professionelle Distanz und eine klassische Dienstleistung erwarten, für die gezahlt wird und die ohne großes „Tamtam" abgeleistet wird. Eltern möchten weder in Teamkonflikte eingebunden noch mit den täglichen Unwägbarkeiten konfrontiert werden – dies verunsichert Eltern eher und lässt sie an der Qualität der Einrichtung zweifeln.[20]

Natürlich gibt es Personalengpässe, Krankenquoten und Urlaubszeiten. Dennoch ist es wichtig, allen Beteiligten zu zeigen, welche Strategien und Lösungen gefunden worden sind, um mit diesen Situationen professionell umzugehen. In angespannten Personalsituationen kann es z. B. auch aus Sicht der Eltern keine dauerhafte Lösung sein, dass einige Mitarbeiter sich ständig aufopfern und immer länger arbeiten. Gerade diese Mitarbeiter werden dann schneller krank oder bauen viel zu viele Überstunden auf, die lange abgebaut werden müssen. Klare Strukturen und vorab vereinbarte Regelungen helfen, eine verlässliche pädagogische Qualität auch unter schwierigen Bedingungen aufrecht zu halten.

Bildungsinstitutionen und Elternhaus müssen deshalb Wege der professionellen Bildungspartnerschaft entwickeln. Fürsorge als Hauptmotiv der Mitarbeiter wird nicht ausreichen, um die vielfältigen Bedürfnisse, die sich an den Kindergarten richten, zu erfüllen. Die Qualitätsansprüche an den Kindergarten und die Erzieherinnen werden weiter steigen.

Über folgende Grundsätze einer gelingenden Zusammenarbeit sollten sich Eltern und Träger einig sein:

---

20 Vgl. Bostelmann, Antje & Fink, Michael & Möllers, Gerrit: Gute Kita gemeinsam gestalten. Ein Buch über Qualität für Eltern und Erzieher. Bananenblau, Berlin 2015, S. 46 ff.

Grundsätze der Elternzusammenarbeit

- Um dem Kind optimale individuelle Förderung zukommen zu lassen, müssen Eltern und Pädagogen in intensivem Informationsaustausch stehen. Nur wenn wir uns gegenseitig alles Wesentliche über die Entwicklung des Kindes mitteilen, kann unsere Arbeit Früchte tragen.
- Das Kind braucht auf seinem Weg positive Verstärker. Wir sind uns darüber einig, dass wir dem Kind Wertschätzung und positive Verstärkung geben wollen und es vor erdrückender Kritik bewahren möchten.
- Ein Klima, das dem Wohl des Kindes zugutekommt, sollte in der Einrichtung geschaffen werden. Für Kinder ist es wichtig, dass sich Eltern und Pädagogen als Partner verstehen, die sich gegenseitig unterstützen.
- Wir vertrauen einander. Immer gehen wir davon aus, dass die andere Seite genau wie wir das Beste für das Kind will.
- Sind wir verschiedener Meinung, versuchen wir zunächst, die dahinterstehenden Gründe zu erfahren und dann gemeinsam eine konstruktive Lösung zu finden. Erziehungspartnerschaft braucht ein konstruktives Miteinander, keinesfalls ein Gegeneinander.

■■■ STRUKTUREN FÜR EINE GELINGENDE ELTERNZUSAMMENARBEIT

Wir haben den Anspruch, dass wir es schaffen, Eltern als Mitarbeitende und Kooperierende zu sehen, und dass es uns andersherum gelingt, Eltern davon zu überzeugen, dass in Kindergärten und Schulen kompetentes Fachpersonal tätig ist, welches das Vertrauen der Eltern verdient. Eltern sind fachkompetente Spezialisten für ihr eigenes Kind und somit notwendigerweise Teilnehmer an der Erziehungs- und Bildungsarbeit in Kindergarten und Schule. Eine gelungene Zusammenarbeit von pädagogischen Fachkräften und Eltern benötigt eine feste Basis: eine Basis, die von Respekt und gegenseitiger Achtung geprägt ist, und aus diesen Komponenten Vertrauen erzeugt.

Bei Klax werden diese Strukturen für die Teilnahme von Eltern am Erziehungs- und Bildungsprozess genutzt.

Kindzentrierte Elterngespräche

Wichtigstes Element in der Zusammenarbeit mit Eltern ist das Elterngespräch. Bei diesem Gespräch werden die Eltern eingeladen, um gemeinsam mit dem Bezugspädagogen über den aktuellen Entwicklungsstand und die Bedürfnislage des Kindes oder Schülers zu sprechen und gemeinsam getragene Entwicklungsziele umzusetzen. Spätestens ab dem 3. Lebensjahr nimmt das Kind am kindzentrierten Elterngespräch teil, um seine Entwicklung anhand seines Portfolios selbst vorstellen zu können.

Voraussetzung für eine gelingende individuelle Förderung des Kindes oder Schülers ist das Wissen der pädagogischen Fachkräfte, an welcher Stelle das Kind gerade steht. Aus diesem Grund ist es unumgänglich und deswegen für beide Seiten verpflichtend, dass Eltern, Schüler und Fachkräfte sich mehrmals im Jahr zum Elterngespräch zusammenfinden.

Elternaktionen

Vielen Eltern ist es wichtig, sich in der Kita mit anderen Eltern auszutauschen, andere Kinder bzw. das eigene Kind im Umgang mit anderen zu erleben. Diese Möglichkeiten können durch Veranstaltungen wie Elterncafés, Ateliernachmittagen, Tagen der offenen Tür oder einem Weihnachtsbasar geschaffen werden.

Elternaktionen können darüber hinaus dazu beitragen, dass sich Eltern mit der Einrichtung besser identifizieren, weil sie selbst ab und zu aktiv beteiligt sind. Deshalb führt jede Kita auch Elternaktionen wie z. B. Gartenpflege und den großen Frühjahrsputz durch.

Elternhospitationen

Einmal im Halbjahr sind die Eltern jedes Kindes eingeladen, den Alltag ihres Kindes zu hospitieren. Diese Hospitation dient dazu, dass sich Eltern ein vertieftes Bild von der pädagogischen Arbeit mit ihrem Kind machen können. Eltern erleben in der Hospitation, wie sich der Alltag ihres Kindes „anfühlt", an welchen Momenten es besonders intensiv bei der Sache ist, wo es wann und wie lernt, wann es aber auch besonders schutzbedürftig und sensibel ist.

Sinnvoll ist es, Hospitationen im zeitlichen Zusammenhang zu den halbjährlichen Elterngesprächen durchzuführen: So kann man entweder beim Elterngespräch eine gemeinsame Gesprächsgrundlage erhalten oder beim Elterngespräch aufgekommene Eindrücke durch eine nachfolgende Hospitation vertiefen.

Elternversammlung

Die Eltern jeder Bezugsgruppe bilden die Elternversammlung, die in der Regel dreimal jährlich zusammentrifft.

Inhalt der Zusammenkunft der Elternversammlung ist das Vorstellen der pädagogischen Arbeit und des Konzeptes der Einrichtung durch die pädagogischen Fachkräfte (z.B. in Form von Filmsequenzen). Auch ausgewählte gemeinsame Vorhaben von Eltern und pädagogischen Fachkräften (z. B. Ausflugsbegleitung, Projektbegleitung) sowie die Entwicklung der Gesamtgruppe werden präsentiert.

Elternbrief

Die Eltern erhalten einmal monatlich immer zum Ende des Monats einen Elternbrief, der über die pädagogische Arbeit des letzten Monats informiert und einen Ausblick auf den nächsten Monat und wichtige Termine liefert.

Es ist wichtig, über Personalveränderungen oder Änderungen bei der Betreuung der Kinder zu informieren. Ein regelmäßiger Elternbrief schafft eine transparente Informationsbasis für alle Beteiligten. Dies beugt auch Gerüchten vor.

Jahresplanung

Immer zum Beginn des neuen Kitajahres übergibt die Leitung den Eltern eine Jahresplanung für das gesamte Kitajahr.

In der Jahresplanung wird neben pädagogischen Projekten, Festen und Übernachtungen auch über die Schließzeiten der Einrichtung informiert. Eltern und Mitarbeitern ist es somit gleichermaßen möglich sich langfristig auf Ereignisse vorzubereiten. Dies gibt ihnen die Möglichkeit sich aktiv am Leben in der Einrichtung zu beteiligen.

Ein Wort zum Schluss:
Warum sich pädagogische
Institutionen ändern müssen

Das Bild vom Kind als lernendem Wesen, welches in seiner Entwicklung begleitet, dabei im Erlernen sozialer und kultureller Fähigkeiten angeleitet und in seinem Wissenserwerb gelenkt und motiviert wird, ist nach wie vor richtig. Das, was Eltern und Pädagogen heute in dieser Überzeugung tun, muss allerdings überdacht werden.

Bisher wurde die Tätigkeit des Lernens und Erziehens als eine Art Übergabe von Wissen und Verhaltensweisen von dem Erwachsenen an die Kinder verstanden. Auch wenn schon lange vor dem Auftritt des ersten Tablets auf dem Markt heftig darüber diskutiert wurde, dass hier Änderungen nötig sind, hat sich die Methodik an Schulen und Kindergärten nicht viel geändert.[21]

Die zunehmende Digitalisierung unseres Lebensalltags bezieht sich nur vordergründig auf digitale Geräte. Die heftig geführte Diskussion darüber ab wann, wie lange und wie oft ein Kind ein Bildschirmmedium benutzen sollte lenkt vom eigentlichen Thema ab: Unsere Gesellschaft befindet sich in einer dramatischen Umbruchphase, die vor allem unser Zusammenleben betrifft. Soziale Medien mit ihren undurchschaubaren und im Moment jedenfalls noch unregulierbaren Informationstechnologien verändern unser Verhalten zueinander. Viele Menschen verstehen gar nicht, wie stark die Informationswelt ihre Parameter geändert hat. Sie glauben weiterhin was

---

21   Vgl. Bostelmann, Antje et al.: Digitale Medienkompetenz für pädagogische Fachkräfte der frühkindlichen Bildung. Bananenblau, Berlin 2020. [Titel in Vorbereitung]

ihnen an Informationen angeboten wird. Es scheint nach wie vor so, dass Menschen, verführt durch die Möglichkeiten sozialer Medien, ihre gute Kinderstube total vergessen. Im Netz wird geschimpft und sich gegenseitig beleidigt. Auch die Vorbilder der Menschen haben sich verändert. Kindern streben nicht mehr denjenigen, die etwas Besonderes für die Menschheit leisten nach, sondern Influencern, YouTubern usw.

Der demokratische Diskurs der Menschen hat sich verändert. Mit Fakenews und scheinbar von vielen geteilten Meinungen, seien sie auch noch so abstrus und unmenschlich, lassen sich Wahlen gewinnen. Wir müssen realisieren, dass unsere Informationsgewohnheiten und die Art und Weise, wie wir bisher unsere Meinung gebildet haben, nicht mehr zeitgemäß sind. Hier gibt es viel zu tun.

Dies alles zieht notwendigerweise nach sich, dass vor allem Veränderungen im pädagogischen Alltag gebraucht werden. Kompetent kommunizieren, kritisches Denken, Kreativität, IT in Lernprozessen benutzen und inklusives Denken und Handeln stellen die weltweit diskutierten Zukunftskompetenzen dar, an denen Schulen und Kindergärten sich orientieren sollten. Das klingt zwar logisch, verlangt aber von den Bildungsinstitutionen die Auseinandersetzung mit der eigenen Geschichte und die Entwicklung komplett anderer Methoden, als über Jahrhunderte eingeübt.

Lernen ist keine Einbahnstraße, sondern ein soziales Paket. Beim Lernen werden vielfältige Einflüsse und Ereignisse aufgenommen, im Diskurs mit anderen Menschen überprüft, erweitert oder verworfen und im Alltagshandeln angewandt und weiterentwickelt. Lernen braucht Zuversicht, Leidenschaft und Mut. Es braucht eine anregende Umgebung und regulierende Auseinandersetzungen. Wer lernt, bewegt sich, macht Fehler und muss Misserfolge verarbeiten. Es ist daher wichtig, dies alles schon in der frühen Kindheit zu lernen. Dafür braucht es eine zugewandte und stabile soziale Gemeinschaft, Pädagoginnen, die diese Art des Lernens durch eigenes Verhalten vorleben, sowie Raum- und Materialangebote, die von Fragen geleitetes, selbstorganisiertes und selbstverantwortetes Lernen ermöglichen können.

Die Methoden und Instrumente, die in der Klax-Pädagogik für diese Art des Lernens benutzt werden, stellen wir im dritten Band dieser Reihe vor.[22]

---

22 Vgl. Bostelmann, Antje & Möllers, Gerrit: Portfolio, Stufenblätter, Lotusplan. Methoden und Werkzeuge in der Klax-Pädagogik. Bananenblau, Berlin 2020.

Strukturen und Routinen für eine gelingende soziale Gemeinschaft

Die folgende Übersicht bietet eine Zusammenfassung der Methoden und Routinen für die soziale Gemeinschaft. Es gibt viele Ideen, die sich für die Stärkung der sozialen Gemeinschaft eignen, die Aufzählung in der Tabelle erhebt keinen Anspruch auf Vollständigkeit.

Jahresplan (im Mai planen und beschließen, zum Ende des Kita- oder Schuljahres kommunizieren)	
Kita	Jahresplanung und darauf beruhende separate Schließzeitenplanung
Schule	Jahresplanung 1.–13. Klasse und darauf beruhende separate Schließzeitenplanung für die Grundschule
Sinn	Orientierung, Transparenz

Begegnungszeit (zu Beginn des Kita- und Schuljahres)	
Kita	Begegnungsmonat
Schule	Begegnungswoche 1.–13. Klasse
Sinn	Zugehörigkeit, Sicherheit, Vertrauen

Wahl der Partizipationsgremien der Schüler	
Kita	zu Anfang des Begegnungsmonats nur in der Vorschule
Schule	für jede Schulstufe am zweiten Tag der Begegnungswoche
Sinn	Transparenz, Vertrauen, Zugehörigkeit, Kommunikation

Wahl der Partizipationsgremien der Eltern	
Kita	spätestens in der vierten Woche nach einer 14-tägigen Bewerbungsfrist
Schule	spätestens in der vierten Woche nach einer 14-tägigen Bewerbungsfrist
Sinn	Transparenz, Vertrauen, Zugehörigkeit, Kommunikation

Wertegrundtag	
Kita	Festlegung der Wertebasis für das folgende Jahr in gemeinsamer Arbeit von Eltern, Pädagogen und Kindern
Schule	Festlegung der Wertebasis für das folgende Jahr in gemeinsamer Arbeit von Eltern, Pädagogen und Schülern
Sinn	Werte

Morgenkreis (jeden Morgen eine halbe Stunde zu Tagesbeginn)	
Kita	Gesprächskreis in der Bezugsgruppe
Schule	Gesprächskreis in der Klasse
Sinn	Zeit für Gruppenhygiene, Reflexion, Beziehung

Abschlusskreis (jeden Nachmittag zum Ende des gemeinsamen Tages eine halbe Stunde)	
Kita	Gesprächskreis in der Bezugsgruppe
Schule	Gesprächskreis in der Klasse
Sinn	Zeit für Gruppenhygiene, Reflexion, Beziehung

Lobetag (an einem Tag in der Woche)	
Kita	zum Morgenkreis wird daran erinnert, jedes Mitglied der sozialen Gemeinschaft verteilt ein Lob
Schule	zum Morgenkreis wird daran erinnert, jedes Mitglied der sozialen Gemeinschaft in der Schule verteilt ein Lob
Sinn	Feedback, Aufmerksamkeit, Beziehung

Graduierung (im gesamten Jahresverlauf möglich)	
Kita	findet in der Kita nicht statt
Schule	Schüler mit guten Leistungen und gutem Sozialverhalten übernehmen die Verantwortung für einen jüngeren oder „schwächeren" Schüler
Sinn	Motivation, Beziehung, Feedback, Verantwortung

SchuBs (anlassbezogen)	
Kita	findet in der Kita nicht statt
Schule	anlassbezogenes Gespräch zwischen Lehrperson und Schüler, welches in einer wertschätzenden und motivierenden Art geführt wird, obwohl es um Kritikpunkte geht
Sinn	Motivation, Beziehung, Feedback, Verantwortung

Kindgeleitetes Elterngespräch (zwei Mal im Jahr)	
Kita	Meist auf der Grundlage des Portfolios erklärt das Kind, was es in der letzten Periode gelernt hat.
Schule	Meist auf der Grundlage des Portfolios erklärt der Schüler, was in der letzten Periode gelernt wurde.
Sinn	Motivation, Transparenz, Beziehung, Kommunikation

Veranstaltungen der Gemeinschaft (eingestreut in die Jahresplanung)	
Kita	jahreszeitliche Kitafeste, Trödelmarkt, Arbeitseinsätze etc., an denen Eltern, Kinder und Pädagogen gemeinsam teilnehmen
Schule	Schulaufführungen, Schullball, Schülermärkte, Trödelmärkte, Schulsportveranstaltungen etc., an denen Eltern, Schüler und Pädagogen gemeinsam teilnehmen
Sinn	Beziehung, Zugehörigkeit, Beteiligung

Veranstaltungen für Eltern (eingestreut in die Jahresplanung)	
Kita	Elternfortbildungen, Elterncafés, Elternbastelnachmittag, inhaltliche Elternabende
Schule	inhaltliche Elternabende, Elternschulungen
Sinn	Transparenz, Beziehung, Zugehörigkeit

Monatlicher Elternbrief	
Kita	wird zu Beginn jeden Monats von der Kindergartenleitung herausgegeben
Schule	wird zu Beginn jeden Monats von der Schulleitung herausgegeben
Sinn	Kommunikation, Transparenz, Vertrauen

Tagesrückblick, Wochenrückblick, Monatsplan, Projektordner, Digitales Portfolio	
Kita	dokumentiert die pädagogische Arbeit und bringt sie den Eltern nahe
Sinn	Kommunikation, Transparenz, Vertrauen

Ich-Buch	
Kita	Das Minifotoalbum über die Familie wird von den Eltern erstellt und dem Kind mit in die Krippe gegeben. Dies ist Teil der Eingewöhnung, spielt aber noch im Kindergarten eine Rolle.
Schule	Ich-Seiten im Portfolio erfüllen denselben Zweck
Sinn	Zugehörigkeit

Respektlotsen	
Schule	Schüler übernehmen die Hofaufsicht in der Schule und moderieren Konflikte. Sie werden dazu regelmäßig geschult.
Sinn	Verantwortungsübernahme

Dienste an der sozialen Gemeinschaft	
Kita	Im Kindergarten gibt es verschiedene Dienste: Tischdienst, Blumendienst usw.
Sinn	In der Schule gibt es verschiedene Dienste: Tischdienst, Tafeldienst, Klassenbuchdienst usw.

Die Autoren

Antje Bostelmann

Antje Bostelmann, 1960 in Rostock geboren, ist ausgebildete Krippen-erzieherin und Gründerin von Klax. Das von ihr entwickelte Konzept der Klax-Pädagogik findet in zahlreichen Bildungseinrichtungen in ganz Europa Anwendung. Antje Bostelmann berät Unternehmen und Institutionen bei der Umsetzung moderner Bildungskonzepte und teilt ihr Wissen und ihre langjährige praktische Erfahrung in Workshops, Seminaren und auf Kongressen. Sie gilt als Vorreiterin für die Anerkennung der Bildungsarbeit in der Frühpädagogik und den sinnvollen Einsatz digitaler Medien in Kindergarten und Schule. Sie hat zahlreiche Spiel- und Lernmaterialien entwickelt und über 50 pädagogische Fachbücher veröffentlicht, darunter viele Bestseller. Antje Bostelmann ist Mutter von drei erwachsenen Kindern und lebt in Berlin.

Gerrit Möllers

Gerrit Möllers, 1980 in Münster geboren, ist studierter Pädagoge und Geschäftsführer von Klax. Zu dem nach dem Mauerfall in Berlin gegründeten Bildungsunternehmen gehören neben Kindergärten und Schulen auch ein Weiterbildungsinstitut, ein Verlag, eine Platt-form für digitale Bildungsdokumentation sowie ein Bio-Cateringbe-trieb. Gerrit Möllers hat bei Klax jahrelang die Bereiche pädagogische Entwicklung und Qualitätssicherung geleitet. Seit 2017 ist er als Geschäftsführer für die wirtschaftliche Stabilität der Klax Gruppe und die Sicherung von über 700 Arbeitsplätzen verantwortlich. Gerrit Möllers ist verheiratet und lebt in Berlin.

Außerdem erhältlich

Verantwortungsbewusst, sozialkompetent, kreativ
Das Bild vom Kind in der Klax-Pädagogik

Das Kind in den Mittelpunkt der pädagogischen Arbeit stellen, ihm Potenziale und Kompetenzen zugestehen und Pädagogen Instrumente an die Hand geben, die den Bedürfnissen der Kinder gerecht werden – das sind die Grundelemente der Klax-Pädagogik.

Aber was genau macht die Klax-Pädagogik aus? In dem vorliegenden ersten Band der Reihe über die Klax-Pädagogik gehen die Autoren folgenden Fragen nach:

- Was wird bei Klax unter Erziehung und Bildung verstanden?
- Welche Eigenschaften und welche Fähigkeiten werden den Kindern zugesprochen?
- Was zeichnet einen authentischen Erwachsenen aus und welche äußeren Gegebenheiten sind notwendig für eine gelingende Pädagogik?

Antje Bostelmann,
Gerrit Möllers

**Verantwortungsbewusst,
sozialkompetent, kreativ
Das Bild vom Kind in der
Klax-Pädagogik**

Bananenblau 2015
ISBN 978-3-942334-48-8

Portfolio, Stufenblätter, Lotusplan
Methoden und Werkzeuge des Lernens in der Klax-Pädagogik

Im vorliegenden dritten Band der Reihe zur Klax-Pädagogik gehen die Autoren unter anderem folgenden Fragen nach:

— Welche Organisationsformen und Arbeitsroutinen sind notwendig, um das Ziel der Klax-Pädagogik, verantwortungsvolle Menschen und Mitbürger zu fördern, erfolgreich im alltäglichen Handeln umzusetzen?
— Welche Werkzeuge, Standards und Regeln unterstützen das selbstorganisierte und selbstverantwortete Lernen mit Zielen?
— Was können Kindergärten und Schulen tun, um Kindern eine anregende Lernumgebung zu bieten, die sie zur bestmöglichen Leistung führt?
— Wie können Bildungsinstitutionen die Anforderungen der aktuell weltweit diskutierten Zukunftskompetenzen umsetzen?

Antje Bostelmann, Gerrit Möllers

Portfolio, Stufenblätter, Lotusplan
Methoden und Werkzeuge des Lernens
in der Klax-Pädagogik

Bananenblau 2020
ISBN 978-942334-53-2